젠트리피케이션
쫌 아는 10대

사회
쫌 아는
십 대 05

도시야,
내쫓기는 사람들의
둥지가 되어 줄래?

젠트리피케이션
쫌 아는 10대

장성익 글 | 신병근 그림

 풀빛

당신에게 도시는 무엇인가요?

도시야, 안녕

젠트리피케이션이라는 말을 처음 딱 듣고 너는 어떤 반응을 보일까? 우선 표정부터 찡그리지 않을까? 그러고선 아마도 이렇게 투덜거릴 것 같아. 응? 젠트리… 뭐라고? 대체 그게 뭐 하는 거야? 쳇, 말이 왜 그렇게 어려워. 아, 재미없어.

맞아. 참 어렵게 들리는 게 젠트리피케이션이라는 말이야. 한데 이걸 알아보자고 책까지 읽는 이유는 뭘까?

여기, 어떤 사람이 어느 동네의 건물 한 귀퉁이에서 오랫동안 식당을 운영하며 식구들과 단란하게 살고 있어. 그런데 어느 날 갑자기 건물주가 임대료를 몇 배나 올리거나, 이제 이 건물을 철거하고 새 건물을 지을 계획이니 그냥 나가라고 해. 심지어 아무런 보상도 없이.

여기, 오래된 어떤 마을이 있는데 많은 주민이 전세나 월세 같은 세입자로 살고 있어. 그런데 어느 날 마을 전체를 싹 밀어 버리고 대규모 아파트 단지를 짓겠다는 결정이 났어. 세

입자들은 보상도 없이 모두 쫓겨나야 하고.

도시는 매혹적이고 경이로운 공간이기도 하지만 이런 안타까운 일이 무시로 벌어지는 곳이기도 해. 바로 이런 '일'을 젠트리피케이션이라고 해. 한마디로 자기 뜻과는 관계없이 강제로 삶과 생활의 터전에서 쫓겨나는 걸 가리키는 말이지. 우리말로는 '둥지 내몰림'이라는 표현을 쓰기도 해.

그런데, 왜 하필 이렇게 어려운 말을 쓰냐고? 이런 일이 왜 벌어지며, 어떻게 해야 막을 수 있냐고? 이런 일에 왜 관심을 가져야 하냐고? 이런 게 궁금하면 이제부터 차근차근 책장을 넘겨 보렴. 얼핏 보면 겉으로는 휘황찬란하게 빛나지만 이런 어두운 그늘을 동시에 품고 있는 게 우리가 살아가는 도시의 참모습이야.

도시는 그동안 양적이고 물질적인 측면에서는 눈부신 성장을 거듭해 왔어. 하지만 그 과정에서 많은 문제가 불거졌고, 그 가운데 최근 들어 큰 주목을 모으는 게 젠트리피케이션이야. 젠트리피케이션이 사람, 지역, 도시 등에 일으키는 다양한 폐해가 갈수록 커지면서 시급히 해결해야 할 아주 중대한 사회적 현안으로 떠올랐다는 얘기지. 어디서든 쫓겨날 걱정 없이 안정적으로 살고 생활하고 일하는 것은 모든 사람에게 무엇보다 중요한 일이니 이는 당연한 일이겠지?

넓혀서 보면 젠트리피케이션에는 도시뿐만 아니라 우리 사회와 이 세상 전체가 안고 있는 문제들이 복합적으로 담겨 있기도 해. 우리 사회가 어떤 길을 걸어왔는지, 세상을 지배하는 자본주의 경제 체제가 도시와 사람들의 삶을 어떻게 변화시켜 왔는지, 그 와중에 땅이나 집에 대한 사람들의 생각이 어떻게 바뀌어 왔는지, 그리고 이 모든 것이 나의 삶과 얼마나 긴밀히 연결되어 있는지 등을 잘 보여 주는 게 젠트리피케이션이야. 그러니까 젠트리피케이션을 제대로 알면 이 세상과 우리 삶을 이해하는 또 하나의 중요한 '열쇠'를 손에 쥐게 되는 셈이지. 젠트리피케이션을 공부하자고 하는 가장 큰 이유가 여기에 있어.

요즘 우리 사회를 달구는 따끈따끈한 핫 이슈가 젠트리피케이션인 만큼 이것을 알면 우리 도시와 사회의 현주소를 알 수 있어. 또한 우리가 앞으로 가야 할 길도 가늠해 볼 수 있지. 보다 깊게는 어떻게 사는 게 좋은지에 대한 새로운 성찰의 실마리도 얻을 수 있어.

자 그럼, 얘기를 시작해 볼까?

차례

젠트리피케이션이
대체 뭐기에

족발과
망치

나는 한때 '서촌'이라 불리는 곳에 있는 출판사에서 일했어. 서촌이란 서울 경복궁 서쪽 지역을 일컫는 말이야. 그때 가끔 가던 '본가궁중족발'이라는 족발집이 있었어. 점심 때 식사를 하러 가기도 하고, 저녁에 손님이나 친구들과 술잔을 기울이기도 했던 곳이지. 음식 맛도 좋았고, 가게 주인도 친절했던 것으로 기억해. 그러다 그 출판사를 나와 다른 일을 하게 되면서 나는 서촌을 떠났어. 그 뒤로 이 족발집은 내 기억에서 멀어졌지.

그런데 2018년 6월께부터 이 족발집에 관한 이야기가 수많은 언론에 오르내리기 시작했어. 처음엔 내가 가곤 했던 그 족발집인지 바로 알아채지 못했어. 한데, 이 족발집 이야기로 사회 전체가 시끌시끌할 정도가 됐고, 나도 관심이 가서 찬찬히 들여다보니 바로 그 족발집인 거야. 내가 그곳을 떠난 지 7년쯤 흐른 시점이었지.

어라, 저기서 대체 무슨 일이 벌어진 거야? 부쩍 궁금증

이 인 나는 관련 기사와 자료들을 꼼꼼히 찾아보기 시작했어. 알고 보니 이야기의 시작은 강남에서 발생한 한 폭행 사건이 더군.

2018년 6월 7일 서울 강남의 어느 골목길에서 어떤 사람이 다른 사람을 뒤쫓아 가 망치를 휘두르며 폭행하는 사건이 일어났어. 이 사람은 재판에 넘겨져 1심에서 2년 6개월의 징역형을 선고받고 구속됐어. 이렇게만 말하니 얼핏 겉으로는 평범한 폭행 사건의 하나처럼 보일 거야.

하지만 이 사건에 숨겨진 속사정이 알려지면서 전혀 예상치 못한 상황이 펼쳐졌어. 우리나라의 거의 모든 언론이 이 사건을 주요 기사로 다뤘고, 수많은 사람이 이에 관해 한마디씩 할 지경이 됐지. 나중엔 관련된 법까지 바뀌었어. 물론 전적으로 이 사건 때문만은 아니지만 말이야. 도대체 무슨 사연일까?

때는 한참 전으로 거슬러 올라가. 이야기의 무대 또한 서촌으로 바뀌고. 사건의 주인공 김 씨는 서촌 일대가 오랜 삶의 터전이었어. 약 20년 전에 이곳에서 장사를 시작한 그는 분식집과 실내 포장마차를 운영하면서 열심히 살았어. 그렇게 해서 조금씩 돈을 모았고 거기에 대출금을 보태 2009년에 서

本家 궁중족발

촌의 먹자골목 한 귀퉁이에 있는 건물에 족발집을 차렸으니,
여기가 내가 드나들었던 '본가궁중족발'이야.

부지런히 일한 덕분에 이 식당은 서촌의 소문난 맛집으
로 꼽힐 정도가 됐어. 2013년에는 자기 돈 3500만 원을 투자
해 가게 전체를 새롭게 꾸미기도 했어. 가게가 번창하면서 신
바람이 난 그는 서촌에서 '성공 드라마'를 써 나가리라는 꿈과
희망에 부풀었지.

그러던 중에 서촌 일대가 외지 사람들도 즐겨 찾는 관
광지로 떠올랐어. 그러자 건물주는 2015년에 월세를 263만 원

에서 297만 원으로 올렸어. 그는 받아들였지. 그 정도
는 감당할 수 있었으니까. 그런데 그만 황당한 상황에 맞
닥뜨리게 돼. 2016년 1월에 건물주가 바뀌었는데, 새 건물주
가 갑자기 월세를 기존의 네 배가 넘는 1200만 원으로 올리겠
다고 나온 거야. 그뿐만이 아니었어. 새 건물주는 3000만 원이
었던 보증금도 크게 올렸어. 세 배가 넘는 1억 원을 내라고 요
구한 거야. 완전 마른하늘에 날벼락이 아닐 수 없었지. 그는 항
의했어. 하지만 돌아온 대답은 싸늘하기만 했어.

　　"싫으면 나가라."

　　이제 어찌할 것인가. 상식적으로 납득하기 어려운 이런
터무니없는 요구를 한다는 건 월세나 보증금을 더 받겠다기보
다는 아예 대놓고 나가라는 거나 다름없는 일이야. 실제로 김
씨는 새 건물주가 대출금 38억 원을 포함해 45억 원에 이 건물
을 샀고, 궁중족발을 내쫓고 나서 70억 원에 되팔려 한다는 얘
기를 들었어. 그러니까, 월세와 보증금을 터무니없이 올린 건

건물 매매 가격을 올리기 위해서였던 거야. 새 건물주는 본래 이렇게 건물을 끊임없이 사고팔면서 시세차익*을 거두는 방식으로 부를 쌓아 올린 사람이었어.

법은 어디로 갔을까? 법은 김 씨 같은 억울한 세입자를 보호해 주지 않을까? 이후엔 법 내용이 조금 바뀌었지만 이 사건이 일어날 당시의 법은 그에게 전혀 도움이 되지 않았어. 오히려 법은 가게를 건물주에게 넘기고 나가라고 판결했지. 이런 현실을 순순히 받아들이는 사람이 얼마나 될까? 이렇게 억울하고 무기력하게 쫓겨날 순 없다고 마음먹은 그는 버티기로 했어. 김 씨 같은 처지의 세입자들이 모여 만든 시민단체 '맘상모(맘 편히 장사하고 싶은 상인들의 모임)'에서 그를 도왔어.

하지만 건물주와 법은 냉혹했어. 무려 열두 차례에 걸쳐 강제로 세입자를 몰아내는 이른바 '강제집행'을 시도했지. 물리적인 힘을 동원해 사람을 쫓아내겠다는 거야. 그는 저항했어. 강제집행에는 대개 철거 용역 직원들이 동원되곤 해. 이

• 물건이나 부동산 가격이 변함에 따라 발생하는 이익을 말해. 예를 들면, 어느 지역의 땅을 1억 원에 샀는데 몇 년 뒤 땅값이 2억 원으로 올랐다고 가정할 경우 이때 땅을 팔면 1억 원의 시세차익을 거두게 되는 거야. 이 책에 자주 등장하는 낱말인 부동산에 대해서도 미리 정확하게 알아 두자. 부동산(不動産)이란 한자의 뜻 그대로 움직여 옮길 수 없는 재산을 뜻해. 땅, 집, 건물 등이 대표적이지. 움직여 옮길 수 있는 재산, 곧 돈이나 물건 따위를 가리키는 말은 동산(動産)이야.

들이 가게 안의 집기와 물건을 다 들어내고 사람도 몰아내는 돌격대 구실을 맡지. 격렬한 몸싸움과 충돌이 일어날 수밖에 없어. 그래서 까딱 잘못하면 사람이 크게 다치기 십상이야.

아니나 다를까, 이 사건에서는 2차 강제집행 때 큰 불상사가 일어나고 말았어. 갑자기 들이닥친 건물주와 철거 용역 직원 20여 명에게 끌려 나가지 않으려고 김 씨가 주방 작업대를 붙잡고 버티다 왼손 손가락 네 개가 부분 절단되는 큰 상처를 입은 거야. 그 바람에 그는 한 달이나 병원에 입원해야만 했고 그 뒤로도 오랫동안 통원 치료를 받아야 했어.

새 건물주가 등장한 뒤 2년 6개월이나 계속되던 궁족 족발 사태는 이런 우여곡절을 거치면서 끝내 파국으로 치닫고 말았어. 방금 말한 폭행 사건이 바로 그거야. 억울함과 원통함이 뼈에 사무쳤던 김 씨가 결국은 울분을 이기지 못하고 건물주에게 폭력을 행사하고 만 거지. 드러난 겉모습만 보면, 그리고 메마른 법의 판단에만 따르자면, 김 씨는 가해자이고 건물주는 피해자야. 김 씨가 폭행죄로 감옥에 갇힌 건 그 결과지.

이 사건을 어떻게 봐야 할까? 단순히 임대차 계약**에

: 당사자 가운데 한쪽이 상대편에게 물건 등을 사용하게 하고, 상대편은 이에 대하여 일정한 임차료를 지급할 것을 내용으로 하는 계약을 말해. 임차료란 남의 물건이나 건물 등을 빌려 쓰는 대가로 내는 돈이야. 반대로 남에게 물건이나 건물 따

따른 분쟁, 다시 말하면 건물주와 세입자 사이에 벌어지는 다툼 정도로만 이해해도 될까? 그렇지 않아. 이 사건은 우발적으로 벌어진 일도 아니고, 일회성으로 그칠 일도 아니야. 비단 서촌이라는 특정 지역에서만 발생하는 것도 아니야. 이 사건이 우리 사회에 작지 않은 충격을 던지면서 수많은 사람의 입에 오르내린 이유는, 그것이 우리 사회가 어떤 곳인지를 상징적으로 보여 주기 때문이야.

김 씨 얼굴이 정확히 기억나진 않아. 내가 이 족발집을 드나든 지 제법 오랜 세월이 지나서겠지. 하지만 옷깃 한번 스쳐도 인연이라는 말이 있잖아? 김 씨가 겪은 일이 나에게 남다른 느낌으로 다가오는 까닭이야. 하지만 정작 중요한 건 개인적 인연이 아니야. 이 사건에는 곰곰이 따져 봐야 할 여러 가지 의미와 시사점이 담겨 있기 때문이지.

위를 빌려준 대가로 받는 돈은 임대료라 불러. 임차료가 임대인 입장에서는 임대료가 되는 셈이지. 이 사건의 경우에 세입자는 임차인과 같은 말이고, 건물주는 임대인이 돼. 한편, 보증금이란 부동산 임대차에서 임대료 지불 의무 등과 같은 임차인의 채무를 보증하기 위해 임차인이 임대인에게 내는 돈을 말해. 예컨대, 어느 상가 건물에 있는 가게에서 장사를 시작하면서 임차인이 임대인인 건물주와 보증금 3000만 원에 매월 임대료 200만 원의 조건으로 임대차 계약을 맺는 식이지. 계약이 종료되면 임차인은 임대인으로부터 보증금을 돌려받게 돼. 만약 임차인이 계약 기간 중에 임대료를 내지 못하면 미리 지불한 이 보증금에서 그 액수만큼 떼이게 되고.

젠트리피케이션의
뿌리

그 의미와 시사점을 찾아보는 과정에서 곧바로 맞닥뜨리는 것이 바로 이 책의 주제인 '젠트리피케이션(gentrification)'이야. 우선 알아야 할 것은 젠트리피케이션이란 무엇인가야.

용어 자체가 낯설고 어렵지? 그래서인지 국립국어원에서는 이 젠트리피케이션이란 것이 갈수록 커다란 사회문제로 떠오르자 지난 2016년 5월 '둥지 내몰림'이라는 표현으로 이 용어를 다듬어 쓰자고 제안했어. 그러면서 "옛 도시 중심부(또는 도시의 어떤 지역)가 번성해 중산층 이상 사람들이 몰리면서 임대료가 오르고 원주민이 내몰리는 현상"이라는 풀이를 내놓았지.

자 여기, 도시 중심부에 낙후한 지역이 있다고 하자. 낙후한 곳인 만큼 당연히 이곳 임대료는 다른 곳에 비해 싼 편이야. 이곳에 꿈과 열정은 갖추었지만 돈은 없는 예술가나 문화활동가, 창의적으로 사업을 해 보려는 소규모 상인 등이 작업장이나 가게를 차려. 이들의 노력으로 시나브로 지역 분위기가 달라지고 거리 풍경이 바뀌게 되지. 낡고 허름했던 곳에 생기와 활력이 돌고, 맵시와 운치가 살아나는 거야. 볼품없고 칙칙했던 동네가 산뜻하고 멋있는 곳으로 변하는 거지. 덩달아 가라앉았던 상권도 되살아나고 사람들도 모여들어. 그러면서 이곳만의 독특한 개성과 풍경, 문화가 만들어지게 돼.

여기까지는 아무 문제가 없어. 다들 행복하지. 그런데 이런 변화와 함께 찾아오는 반갑지 않은 '손님'이 있어. 그게 뭘까? 바로 부동산 가격 상승이야. 땅값, 집값, 건물값, 임대료, 보증금 등이 동시에 오른다는 얘기지. 그러다 보니 정작 낙후한 곳을 멋진 곳으로 바꾼 주역들은 곤경에 처하게 돼. 높아진 부동산 가격을 감당하기가 쉽지 않아서야. 급기야 이들은 임대료 등이 더 싼 곳을 찾아 이 지역을 떠나기 시작해. 이들이 애써 일구었던 이곳의 매력과 문화가 빠르게 사라지는 건 그 당연한 결과겠지? 오랫동안 이곳에서 살아오던 지역 주민 중에서도 떠나는 사람이 늘어나. 오르는 부동산 가격을 부담하기 어려운 가난한 세입자 등이 그런 사람들이지.

대신에 이곳에서 새롭게 주인 노릇하는 건 누굴까? 돈 많은 건물주, 갖가지 프랜차이즈 매장을 거느린 대자본, 한 방에 커다란 시세차익을 노리는 부동산 개발업자나 투기 세력 등이야. 사람 냄새와 문화의 향기를 풍기던 곳이 돈을 둘러싼 탐욕과 이기심의 맹렬한 공격을 받게 되는 거지. 그 결과 이 지역은 자본이 지배하는 획일적인 상업지역처럼 변하기도 하고, 외지 사람과 외국인 관광객들이 휩쓸고 다니는 관광지처럼 바뀌기도 해. 또는, 사람들이 빠져나가면서 쇠락과 침체의 길로 들어서기도 하고.

바로 이런 현상을 젠트리피케이션이라고 해. 말 자체가 어렵고 긴데, 그 이유는 이 용어가 외국에서 유래한 탓이야. 이 말은 본래 지주(地主) 등을 비롯해 자산을 가진 상류계급을 뜻하는 영어 단어 '젠트리(gentry)'에서 비롯했어. 신사를 뜻하는 단어 젠틀맨(gentleman)도 어원이 같아. 영국의 도시사회학자인 루스 글라스라는 사람이 1964년에 처음 사용하기 시작하면서 널리 퍼졌지. 그는 런던의 도시 변화를 꼼꼼히 관찰하고 분석한 결과로 이 개념을 내놓았어. 내용은 다음과 같아.

1950~60년대에 노동자 등이 주로 살던 영국 런던 곳곳의 저소득층 주거 지역에 중상류층이 들어오기 시작했어. 이들은 자신들 취향에 맞게 집을 대대적으로 고치거나 새롭게 꾸몄어. 이걸 '리모델링'이라고 부르지. 그 탓에 임대료 같은 부동산 가격이 올랐어. 그 결과 본래 이곳에서 오랫동안 살아오던 저소득층 주민들이 하나씩 둘씩 떠났고, 이렇게 생겨나는 빈 곳

들은 또다시 중상류층이 차지
했어.

이런 과정이 쌓이면 어떻게 될까? 지역의
공간적·사회적 성격 자체가 변하겠지? 지역의 구
성원뿐만 아니라 그 지역의 사회, 경제, 문화 등도 복합적
인 변화를 겪게 된다는 얘기지. 중상류 계층의 소비 성향에 맞
는 새로운 상권이 만들어지고, 이들의 기호나 취향에 어울리
는 시설이 들어서고, 이에 발맞추어 경제활동의 내용이나 지
역의 풍경 등이 바뀌는 것은 그 자연스러운 결과야.

한마디로 '도시 공간의 재구성'이 이루어진다는 얘기
야. 이런 맥락에서 젠트리피케이션은 어떤 지역의 구성원뿐만

아니라 그 지역의 사회, 경제, 문화 등이 계층의 뒤바뀜에 따라 복합적인 변화를 겪는 현상을 두루 포괄하는 말이라고 할 수 있어. 인적, 물질적, 문화적 요소가 서로 맞물려 돌아가는 폭넓은 변화가 일어나는 거지. 대개 겉으로는 낡고 누추했던 옛 도심 지역이 고급스럽고 활기찬 곳으로 거듭나는 방식으로 나타나곤 해. 하지만 그 과정에서 본래 그곳에 뿌리내리고 살던 사람들과 지역의 이런 탈바꿈에 이바지한 사람들은 쫓겨나기 일쑤지.

영국 역사에 존재했던 특수 계층을 일컫는 '젠트리'라는 낱말에서 파생된 이 특이한 용어가 오늘날 널리 퍼지게 된 이유는 뭘까? 그것은 젠트리피케이션이 특정 나라나 지역에 국한되는 게 아니라 전 세계의 대다수 도시에서 벌어지는 보편적 현상이 됐기 때문이야. 젠트리피케이션이 오늘날 도시,

지역, 공동체, 마을 등을 이야기할 때 빠뜨릴 수 없는 핵심 주제인 동시에 가장 '핫'한 이슈 가운데 하나가 된 이유가 여기에 있어.

브루클린으로 가는
마지막 비상구

궁중족발 사건이 일어난 서촌 지역 또한 젠트리피케이션의 전형적인 경로를 밟았어. 서촌은 본래 서민들이 주로 모여 사는 주택가였어. 사람살이의 애환이 담긴 아담하고 소박한 동네였지. 내가 이곳에서 일하던 2010년 전후만 해도 이런 분위기였어. 그러다 2012년 즈음부터 동네 한쪽에 예술가들이 들어오기 시작했어. 이들은 저마다 나름의 개성을 갖춘 독특하고도 멋있는 갤러리, 카페, 공방, 작업실 등을 열었어. 본디부터 살아왔던 마을 주민들과 이들 예술가는 서로 조화를 이뤘어. 그러면서 이곳은 아기자기한 이야기와 문화의 향기가 흐르는 곳으로 변모해 갔지.

그런데, 이렇게 서촌이 회색 대도시 서울에서 색다른 매력을 지닌 곳이라는 소문이 퍼지자 사람들이 몰려들기 시작했어. 문제는 움직인 게 사람만이 아니었다는 점이야. 덩달아 돈도 움직이기 시작했어. 궁중족발 사건의 새 건물주 같은 부동산 투기 세력이 밀려들어 온 게 그 대표적인 모습이지. 이들의 목적은 단 한 가지, 바로 손쉬운 돈벌이였어. 서촌이라는 지역과 본래 이곳에 살던 사람들이 어찌 되든 그것은 이들의 관심사가 아니야. 그 당연한 결과로 이곳의 부동산 가격은 급격히 높아졌고, 그 탓에 돈 없는 예술가들과 마을 사람들은 밀려날 수밖에 없었어.

그 뒤 서촌이 어떻게 변했을지는 짐작이 가지? 고즈넉한 운치가 감돌던 문화적 분위기는 점차 사라져 갔어. 대신에 어슷비슷한 식당과 술집이 가득 들어차고 외부 관광객과 나들이객들이 거리를 떼 지어 몰려다니는 정체불명의 장소로 변질되고 있지. 개성과 매력은 사라진 채 시끌벅적하고 번잡스러운, 어딜 가나 쉽게 찾아볼 수 있는 획일적인 관광지로 변하고 있는 거야. 궁중족발을 운영하던 김 씨가 '망치 폭력'이라는 극단적인 선택을 한 것은 이 와중에 벌어진 일이야. 궁중족발 사건은 젠트리피케이션이 일으킨 비극적 결말이었던 셈이지.[•]

• 참고로, 우리나라에서 젠트리피케이션이 일어난 대표적 지역으로는 서울의 홍대 앞, 서촌, 북촌, 경리단길, 가로수길, 성수동 등을 꼽을 수 있어. 홍대 앞은 홍익대 앞을 뜻해. 서울 지하철 2호선 홍대입구역과 합정역 사이 지역을 가리키고, 최근 엔 본래 철길이었다가 공원으로 조성된 인근의 경의선 숲길 일대까지 아우르기도 해. 북촌은 경복궁과 창덕궁 사이에 위치한 지역이야. 예로부터 청계천과 종로의 윗동네라는 뜻에서 '북촌'이라는 이름으로 불려 왔어. 경리단길은 용산구 이태원동 일대를, 가로수길은 강남구 신사동 일대를 가리켜. 성수동은 성동구에 있는 지역이야.

나는 요즘도 약속이나 모임 때문에 이따금 서촌엘 가. 하지만 거기서 만나는 건 획일적으로 상업화된 관광지가 자아내는 떠들썩하고도 어수선한 분위기야. 그래서 예전에 이곳을 은은하게 물들이던 문화적 정취를 맛볼 수 없는 현실을 씁쓸하게 확인하곤 해.

말이 나온 김에 외국 사례도 한번 살펴볼까? 맨해튼은 미국에서 가장 큰 도시인 뉴욕의 심장부이자 세계 최고의 상업, 금융, 문화 중심지야. 이 맨해튼 맞은편에 이스트강을 경계로 한 브루클린이라는 지역이 있어. 1990년에 개봉된 〈브루클린으로 가는 마지막 비상구〉라는 유명한 영화가 생생하게 그리고 있듯이, 본래 브루클린은 가난한 흑인들이 많이 모여 사는 빈민촌이었어. 비좁고 어둡고 불결한 곳의 대명사였지. 뒷골목에서는 범죄가 끊이지 않았고, 가난과 절망과 체념이 거대한 바위처럼 거리를 짓누르고 있었어.

그런데 이런 곳에 1990년대 초반 무렵부터 변화의 물결이 일기 시작했어. 예술가들이 모여들기 시작한 덕분이지. 무엇보다 집값이나 임대료가 쌌기 때문에 가난한 예술가들을 충분히 끌어들일 만했어. 효과는 머잖아 나타났어. 거리가 변하기 시작한 거야. 덩달아 동네도 살아났어. 활기가 차오르자 지역의 분위기와 공기도 달라졌어. 문화와 예술의 향기가 흐르는 매력적인 장소로 탈바꿈하기 시작한 거지.

하지만 이런 시절은 오래가지 못했어. 얼마 지나지 않아 부동산 개발업자와 중개업자들이 야금야금 이 지역으로 들어오기 시작했거든. 예술가들이 이곳을 매력적인 동네로 바꿔 놓자 잽싸게 돈 냄새를 맡은 거지. 자본력을 갖춘 이들은 브루클린의 낡은 건물들을 사들여 대대적으로 뜯어고치거나 아예 철거한 뒤 새 건물을 지었어. 그러고선 다른 지역에서 온 돈 많은 이들에게 팔았어. 새 건물주들은 어김없이 임대료를 올렸어. 그 탓에 지역 전체의 부동산 가격이 크게 뛰었어. 본래 이곳에 살던 원주민이나 가난한 예술가들은 이렇게 오른 임대료나 집세를 감당하기 힘드니 줄줄이 떠날 수밖에 없었겠지? 영락없이 젠트리피케이션이 일어난 거야.

이처럼 젠트리피케이션은 우리나라와 외국을 막론하고 수많은 도시에서 공통적으로 나타나는 현상이야. 또 젠트리피케이션은 대도시에서만 일어나는 것도 아니야. 지방의 작은 도시도 젠트리피케이션을 피해 가지 못할 때가 많지. 현대

도시는 마치 생물처럼 탄생하고 성장하고 쇠락하고 다시 부흥하는 다채롭고도 역동적인 변천을 겪어. 그 과정에서 필연적으로 도시 공간의 재구성과 재편성이 일어나. 젠트리피케이션은 이런 도시 변화의 한 단면이기도 하고 핵심적인 상징이기도 해.

2장

젠트리피케이션은
다중인격자

얼굴이
왜 여러 개냐면

젠트리피케이션은 어디서나 똑같은 형태나 내용으로 일어날까? 아니야. 젠트리피케이션의 종류는 하나가 아니거든. 발생 배경과 원인, 규모, 진행되는 형태, 유형 등이 저마다 달라. 물론 본질적인 공통점은 지니고 있지만, 젠트리피케이션에 영향을 미치는 요인이 아주 다양하기 때문이야. 도시의 역사와 구조, 현대 자본주의 도시를 강력하게 지배하는 자본의 움직임, 도시를 둘러싼 정부 정책, 정치 및 문화 수준과 시민의식 등이 그런 것들이지.

이런 여러 요소가 복합적으로 뒤얽히고 상호작용하면서 젠트리피케이션의 성격이나 모습을 다채롭게 규정하게 돼. 여기서 젠트리피케이션의 이런 여러 가지 '얼굴'을 살펴보려는 이유는 이렇게 함으로써 젠트리피케이션을 더욱 풍부하고 깊이 있게 이해할 수 있어서야.

먼저 젠트리피케이션의 발생 원인부터 알아볼까? 여기에는 크게 세 가지 접근법이 있어.

첫째는 사회문화적 차원에서의 접근이야. 이것은 젠트리피케이션 발생 지역에 새롭게 들어오는 중상류층의 사회문화적 특성을 주목하는 입장이라고 할 수 있어. 그 가운데서도 특히 소비 성향과 문화적 취향이 중요해. 현대 사회의 산업 구조와 도시 경제는 자본주의 발전과 함께 끊임없는 변신을 거듭해 왔어. 공장 굴뚝으로 상징되는 전통적인 제조업 대신에 정보통신 산업 등과 같이 부가가치(상품을 생산하는 과정에서 새롭게 만들어지는 높은 가치)가 높은 산업과 서비스업 중심으로 산업이 재편되는 현상이 대표적이지.

중요한 건 이에 따라 도시 구성원의 성격도 바뀐다는 점이야. 도시에 사는 사람들의 주류가 제조업 생산직 노동자에서 사무직이나 전문직 종사자로 교체된다는 거지.
새롭게 떠오른 이들

• 전자를 '블루칼라'라 부르고 후자를 '화이트칼라'라 불러. 블루칼라는 생산직에 종사하는 육체노동자를 일컫는 말로서, 이들이 주로 공장에서 푸른 작업복을 입는 데서 유래했어. 사무직 노동자를 뜻하는 화이트칼라는 이들이 대체로 사무실에서 흰 와이셔츠를 입고 일하기 때문에 생겨난 말이야.

중산층은 대개 편리하고 쾌적한 생활, 감각적이고 세련된 소비, 자유와 개성이 살아 있는 문화적 다양성 같은 것들을 선호하는 성향을 지니고 있어. 그래서 주거 공간이나 상권도 이들의 이런 취향에 어울리는 쪽으로 바뀌게 돼. 바로 이 과정에서, 그리고 이런 변화의 결과로 젠트리피케이션이 발생한다는 게 이 입장에서 내놓는 주장이야.

둘째는 경제적 접근법이야. 이것은 특정 집단의 사회적 특성이나 문화적 취향보다는 자본 시장, 그중에서도 부동산 시장의 본질적 속성 탓에 젠트리피케이션이 일어난다는 입장이라고 할 수 있어. 옛 도심을 비롯해 도시의 여러 지역은 오랜 세월을 거치면서 낡고 낙후했더라도 정치, 경제, 문화 등 여러 측면에서 여전히 많은 이점을 갖추고 있어. 물론 뒤떨어지고 볼품없는 동네라 부동산의 현재 가치는 낮지. 하지만 입지가 좋아서 깔끔하고 매력 있는 곳으로 바꾸면 미래의 부동산 가치는 얼마든지 높아질 수 있어.

그런데 그런 변화가 일어나려면 돈이 들어오고 투자가 이뤄져야 해. 땅 주인, 건물주, 개발업자, 부동산 중개업자, 투기 세력 등에게 이런 상황은 어떻게 다가올까? 시세차익으로 손쉽게 큰돈을 거머쥘 수 있는 '절호의 기회'가 되겠지? 즉, 부동산 가격이 낮을 때 땅, 집, 건물 따위를 사 두었다가 지역의 변화로 부동산 가격이 높아지면 이것들을 되팔거나 임대료 등을 올려서 그 차익을 얻는다는 얘기야. 결국, 이 입장에 따르면 젠트리피케이션을 일으키는 실질적인 주범은 부동산을 활용

해 큰 수익을 올리려는 돈 많은 사람(또는 세력, 집단)들이야. 달리 표현하면 부동산을 매개로 한 자본의 움직임이 젠트리피케이션의 원인이라는 거지.

셋째는 정책적 접근법이야. 이것은 중앙정부 또는 도시 같은 지방정부의 정책 탓에 젠트리피케이션이 발생한다는 주장이야. 즉 도시 개발, 지역 부흥, 주택 건설, 상권 활성화 등을 비롯해 정부가 추진하는 각종 정책들이 젠트리피케이션을 일으킨다는 거지. 여기에는 경제력을 갖춘 중상류층을 끌어들여 세금 수입을 늘리거나, 도시의 성장을 촉진하거나, 옛 도심에 새로운 활력을 불어넣고자 하는 정부의 의도와 의지가 담겼다고 볼 수 있어.

명심할 것은, 실제 현실에서는 단 한 가지 원인만 찾기는 힘들다는 점이야. 앞에서도 언급했듯이 젠트리피케이션에는 여러 원인과 요인이 복합적으로 작용하기 마련이거든. 경제, 사회, 문화, 공간, 계층, 정치 등 여러 차원에서 도시가 안고 있는 수많은 모순과 문제가 서로 부닥치고 겹치고 융합되면서 나타나는 게 젠트리피케이션이야.

따로
또 같이

원인이 여럿인 만큼 젠트리피케이션의 유형이나 종류 또한 여럿이겠지? 보통 젠트리피케이션은 그것이 일어나는 지역의 특성에 따라 크게 세 가지로 구분해. 일차적인 삶의 터전인 주거 지역에서 벌어지는 주거형 젠트리피케이션, 물건 등을 사고파는 상업 활동이 활발한 지역에서 벌어지는 상업형 젠트리피케이션, 문화예술 관련 활동이 활성화된 지역에서 벌어지는 문화예술형 젠트리피케이션이 그것들이야.

첫째, 주거형 젠트리피케이션은 주택이나 건물의 수선과 개조, 재개발, 재건축 등으로 부동산 가격이 오르고 그에 따라 해당 지역 원주민들이 내쫓기는 경우를 말해.* 유럽 도시들

• 재개발과 재건축은 언뜻 비슷해 보이지만 사실은 달라. 재개발은 주거환경이 낡고 뒤떨어진 지역을 모두 철거한 뒤 도로, 상하수도, 공원 등과 같은 사회기반시설을 새롭게 정비하고 거대 아파트 단지로 상징되는 대규모 주택을 새로 지음으로써 주거환경과 도시경관을 재정비하는 걸 말해. 재건축은 기존의 낡은 아파트, 연립주택, 건물 등을 허물고 다시 짓는 것을 뜻하는 말이야. 재개발이 특정 지역이나 동네 전체를 대상으로 하고 사회기반시설 정비까지도 아우르는 '크고 복잡한 일'이라면, 재건축은 단지 노후한 건물을 허문 뒤 새로 짓는 것을 가리키는 상대적으로 '작고 간단한 일'이라고 할 수 있지.

은 대체로 건물이나 집이 낡더라도 그냥 부수기보다는 끊임없이 개량해서 오랫동안 사용하는 전통이 강한 편이야. 우리나라는 어떨까? 경제성장과 근대화의 길을 정신없이 내달려 온 우리나라 도시들은 달라.

다급한 근대화의 달음박질에 발맞추어 정부나 대기업이 막대한 자금을 쏟아부어 지역 전체를 한꺼번에 철거한 뒤, 대규모 아파트 단지를 비롯한 새로운 주택 단지를 건설하는 방식으로 도시 개발을 추진해 왔지. 우리나라에서 젠트리피케이션이 유난히 빠른 속도와 넓은 범위로, 더군다나 매우 거친 방식으로 진행될 때가 많은 이유가 여기에 있어. 이런 식으로 펼쳐지는 주거형 젠트리피케이션은 '주거지 고급화'라 불리기도 해.

둘째, 상업형 젠트리피케이션은 어떤 지역에서 소득이 낮은 사람들을 대상으로 하는 영세 상권이 중상류층을 대상으로 하는 상권으로 대체될 때 일어나. 이 과정에서 기존 상권에서 장사나 사업을 하던 사람들이 내몰리게 되는 거지.

대체로 이런 식이야. 먼저, 젊고 감각 있는 상인이나 예술가가 어떤 지역의 낡은 건물을 고쳐 멋스럽고 독특한 분위기를 풍기는 가게를 내. 이런 가게들이 점차 많이 들어서면 어떻게 될까? 사람들이 자주 찾는 개성적인 인기 상권이 형성되겠지? 하지만 새로운 문제가 발생해. 이 탓에 부동산 가격이 오르고, 그 결과 이곳에 자리 잡고서 일해 온 영세 상인들은 오른 임대료를 감당하기 힘들어 떠날 수밖에 없게 되니까 말이야. 새로운 상권이 만들어지는 데 크게 기여한 예술가들도 마찬가지 운명에 처해.

　다른 방식으로 진행될 때도 있어. 지역 주민들의 생계의 터전인 골목 상권에 대자본이 주인인 대형 마트, 프랜차이즈 가게나 식당, 고급스러운 가게 등이 들어서면서 기존 상인들이 내몰리는 일이 벌어지기도 하거든. 이런 게 상업형 젠트리피케이션이야.

　셋째, 문화예술형 젠트리피케이션은 일반적으로 이런

거야. 가난한 예술가들이 임대료가 싼 지역으로 모여들어 저마다 특색 있는 공방, 갤러리, 음악 연습실, 작업실, 서점처럼 다양한 문화예술 공간을 마련해. 그러면서 공연이나 전시회, 작품 발표회 같은 문화 행사를 열기도 하고, 건물 바깥벽이나 거리에 그림을 그리는 등 예술 활동을 펼치기도 하지.

덕분에 이 지역은 독특한 문화적 매력과 가치를 지닌 새로운 장소로 거듭나게 돼. 한데 이때 상업형이나 주거형 젠트리피케이션과 비슷한 일이 벌어져. 이런 경우를 문화예술형 젠트리피케이션이라 불러. 이처럼 문화예술형 젠트리피케이션은 종종 주거형 또는 상업형 젠트리피케이션을 일으키는 원인이 되곤 해. 앞에서 살펴본 서울 서촌이나 뉴욕 브루클린이 모두 그랬잖아?

젠트리피케이션에 대한 이해를 높이자는 뜻에서 세 가지 유형을 각각 나누어 살펴봤어. 하지만 실제 현실에서는 주거형, 상업형, 문화예술형이 서로 뒤얽히고 겹칠 때가 많아. 두말할 나위도 없이 사람이 살아가는 생활 자체가 주거, 소비를 비롯한 경제활동, 문화적 생활이 뒤얽히고 겹치는 일이기 때문이지. 더구나 사람이 모여 사는 곳에서는 이 세 가지가 더더욱 긴밀하게 연결될 수밖에 없겠지?

혼저 옵서예?
그만 옵서예!

"촌 할망(할머니)들이 밤잠을 자야 아침 일을 나갈 텐데, 새벽 서너 시까지 술 먹고 떠들어. 사람이 살 수가 없어."

제주에서 관광 개발 열기가 가장 뜨겁다는 구좌읍 월정리. ㅇ 할머니는 "나는 외지 사람 보면 인사도 안 한다"고 했다. 할머니와 평생을 함께한 ㄱ 할아버지는 "관광객들이 밤늦게 길에 나와 술 취해 떠든다"며 "어떤 때는 트럭 몰고 가서 받아 버리고 싶다"고 했다.

이 노부부의 돌담집 너머로 3층 건물 두 채가 괴물처럼 솟아 있다. 1층은 술집이고 2층과 3층은 펜션이다. 집 뒤쪽으로도 펜션 신축 공사가 한창이다. 할아버지는 "시끄럽다고 항의하면, 왜 우리 집에 방음시설을 안 하냐고 되레 야단친다"고 억울해했다. "마을 한가운데에 저런 (건축) 허가를 내주면 되나요. 답답해요."

밀려드는 외지인 관광객들은 하늘 끝까지 땅값을 끌어올렸다. 마을 공동체도 갈라놓았다. '카페 천국'이라는 월정리에는 1킬로미터 남짓 해안을 끼고 술집, 카페, 펜션, 게스트하우스가 빽빽이 들어섰다. 해변 바로 안쪽엔, 할망과 하르방(할아버지)들이 농사짓고 물질하면서 살아가는 돌담집들이 옹기종기 붙어 있다. 지난해 월정리 해변 쪽 건물의 공시지가는 1제곱미터에 90만 원을 넘었다. 3년 전 8만 원보다 무려 11배 이상 폭등했다.

"땅값 오른 것은 좋지 않으냐"는 기자의 말에, 할아버지는 "땅 가진 사람들은 그렇겠지만, 우리 같은 사람은 아무 좋을 것 없다"고 목소리를 높였다. 이 노부부는 남의 땅 4000평(1만 3223제곱미터)을 빌려 농사를 짓고 있다. "주말이면 외지인들 차가 좁은 골목길로 몰려와. 농협 앞에 주차할 곳이 없어서 우리 원주민들끼리 싸워. 외지인 때문에 마을에 분란이 일어나는 거야."

월정1리 돌담집에 사는 다른 할머니는 "우리끼리 조용하게 살 때가 좋았다"고 했다. "관광객들이 음료수병, 캔, 담배꽁초 아무거나 다 버려. 여기는 외지 사람들이 다 차지했어. 우리는 이제 월정리 사람 취급도 못 받아."

월정리와 가까운 세화리 주민 ㄱ 씨는 "월정리 주민들이 불쌍해요. 생활의 불편은 몸으로 다 받고, 굴러다니는 돈은 외지 사람들이 가져가잖아요. 원주민이 농사용 트랙터를 끌고 가려 해도 렌터카가 먼저 길을 점령합니다. 주민들이 환장하지요."

—《한겨레21》 제1220호(2018. 7. 16) 기사

우리나라에서 가장 인기 높은 관광지인 제주도에서 요즘 벌어지는 일이야. 이런 현상을 '투어리스티피케이션(touristification)'이라고 해. 젠트리피케이션만 해도 어려운 말인데 더 길고 생소한 말이 튀어나왔구나. 좀 피곤하더라도 기왕에 젠트리피케이션 이야기를 하는 중이니, 또한 알고 보면 별것도 아니니 일단은 참고 넘어가자.

이 말은 관광, 여행 등을 뜻하는 영어 단어 'tour'의 파생어인 'touristify('관광지가 되어 가다'라는 뜻)'와 젠트리피케이션을 합쳐서 만든 거야. 좀 생뚱맞게 들리지만 현실에서 이 용어가 널리 쓰이고 있으니 맞춤한 우리말이 만들어지기 전까지는 편의상 그냥 따라갈 수밖에 없어.

투어리스티피케이션은 한마디로 어떤 지역이 관광지로 변하는 바람에 주민들이 불편을 겪고 결국은 떠나게 되는 걸 가리키는 말이야. 젠트리피케이션의 일종이라 볼 수 있지. 군이 이름을 붙이자면 관광형 젠트리피케이션이라고 할 수 있겠고. 이 때문에 주민들이 겪는 불편은 한두 가지가 아니야. 소음, 쓰레기, 교통체증, 주차난, 사생활 침해, 월세·전세금·임대료 같은 부동산 가격 상승, 관광객과 주민 사이의 분쟁, 공동체 파괴 등 아주 복잡하지.

이것이 발생하는 장소도 다양해. 국내만 보더라도 제주도뿐만 아니라 서울 북촌의 한옥마을, 전북 전주의 한옥마을, 여러 도시에 있는 벽화 마을이나 역사·문화유산 구역 등이 대표적이야. 앞에서 소개한 우리나라의 대다수 젠트리피케이션 발생 지역에서도 부분적으로는 이런 현상이 나타나.

우리나라 젠트리피케이션을 상징한다고 할 수 있는 홍익대 인근 지역만 봐도 그래. 한때 넘실거렸던 문화의 매력과 예술의 향기는 희미해진 대신 외국 관광객들이 흥청망청 휩쓸고 다니는 '그저 그런' 관광지나 유흥가 비슷한 곳으로 변하고 말았지. 외국도 다르지 않아. 이탈리아의 베네치아, 스페인의 바르셀로나, 네덜란드의 암스테르담, 프랑스의 파리, 일본의 교토 등을 비롯해 세계적으로 널리 알려진 여행지 곳곳에서 이런

일이 벌어졌고, 지금도 벌어지고 있거든.

　　내가 사는 동네에 사람들이 많이 찾아오면 어떤 기분이 들까? 처음엔 반가울지 몰라. 내가 사는 곳을 좋아하고 보고 싶어 하는 사람들이 많다는 건 어쨌거나 기분 좋은 일이니까. 문제는 '과잉'이야. 관광객이 너무 많이 찾아오고 이들의 행태가 도를 넘어서면 문제가 불거지기 시작해.

　　예를 들어 볼까? 어느 지역이 유명한 관광지로 떴다 싶으면 이른 아침부터 단체 관광객들이 주택가를 휩쓸고 다니기 시작해. 소음, 쓰레기, 불법 주정차 시비 등의 문제가 생겨날

수밖에 없지. 골목 구석에 소변을 보기도 하고, 사람이 사는 집 창문 바로 밑에서 무리 지어 담배를 피우기도 해. 불쑥 대문을 열어 보고 기웃거리는가 하면 함부로 사진을 찍는 일도 예사로 벌어지고.

그래서 예컨대, 서울 북촌의 경우 주말이면 주택가 소음이 종일 전화벨을 듣는 수준까지 올라간다고 해. 벽화 마을로 널리 알려진 서울 종로구의 이화마을에서는 주민들이 벽화를 스스로 지우는 사태까지 벌어졌어. 오죽했으면 마을을 아름답게 빛내고 문화의 명소로 키운 상징물을 주민들이 자기 손으로 없앨 생각을 했겠어?

가장 큰 문제는 부동산 가격 상승이야. 소소한 생활상 불편은 어느 정도까지는 참고 견딜 수 있을 거야. 그렇지만 월세나 전세금, 가게 임대료 등이 껑충껑충 뛰면 차원이 완전히 달라져. 궁중족발 사건의 김 씨 같은 상황으로 내몰린다고 생각해 봐. 이건 사실상 내쫓기는 것과 마찬가지야.

이탈리아 베네치아는 한때 인구가 30만 명이 넘었지만 지금은 5만 명도 안 돼. 한 해 관광객이 2000만 명이 넘지만 이곳의 옛 도심에서는 해마다 1000명에 달하는 주민이 쫓겨나고 있는 탓이지. 건물주와 집주인들이 임대료를 몇 배씩이나 올려 세입자들을 내보낸 뒤 더 많은 돈을 벌 수 있는 숙박 시설로 바꾸고 있거든. 전형적인 젠트리피케이션이 진행되고 있는 거야. 그 바람에 여기서는 빈집을 점거해 가난한 이들을 살게 해 주는 시민운동이 벌어지고 있기도 해. 관광객들 등쌀에 시달리다 못해 스스로 떠난 주민도 많대. 한때 일부 주민이 베네치아 시내를 돌면서 관광하는 크루즈 배를 가로막고 '관광객은 꺼져라'라는 구호를 외치며 시위를 벌이기까지 했어.

우리나라도 다르지 않아. 서울시 산하기관인 서울연구원 조사에 따르면, 투어리스티피케이션이 급격히 진행된 서울 용산구 경리단길의 경우 2012년에서 2014년 사이에 음식점 수는 55개에서 145개로 세 배 가까이 늘어난 반면 주민은 1만 1000명 중 약 500명이 줄었어.

투어리스티피케이션은 동네의 상권 지도도 바꿔 놓곤 해. 주민 생활에 꼭 필요한 식료품 가게, 세탁소, 빵집, 슈퍼마켓 등이 관광객을 대상으로 하는 카페, 기념품 가게, 식당 같은 것으로 대체되는 거지. 주민들 입장에서는 생활이 불편해지고 삶의 질이 떨어질 수밖에 없겠지? 제주도에서는 관광객이 몰려들면서 음식, 숙박 등과 관련된 서비스업이 지나치게 비대해졌어. 그런데 이런 업종은 대체로 임금 수준이 낮고 고용 상태도 불안정해. 그러다 보니 제주도에서는 관광객이 늘어도 오히려 좋은 일자리는 줄어드는 추세를 보이고 있어. 그 결과 고향에 머물기보다는 어떻게든 육지로 빠져나가려는 청년들이 크게 늘고 있다고 해.

관광객이 많이 몰려올수록 잘살게 될까? 예전엔 관광업을 '굴뚝 없는 무공해 산업'이라 추켜올리며 국가 차원에서 관광 활성화를 적극 추진하는 게 당연한 일로 여겨졌어. 하지만 투어리스티피케이션이 벌어지는 지역에서는 이런 고정관념과 환상이 빠르게 깨지고 있어. "혼저 옵서예(제주 말로 '어서 오세요')"는 오랫동안 제주도가 내세워 온 구호였어. 하지만 이제는 "그만 옵서예"라고 말하는 주민이 갈수록 늘고 있어.

주거지가 상업적인 관광지로 바뀌면서 외지 사람들은 넘쳐 나는 반면 기존에 살던 사람들은 줄어들고 그 바람에 지역 고유의 정체성이 사라지는 현상이 갈수록 늘고 있어. 젠트리피케이션이 드리우는 또 하나의 그늘이지.

지금까지 젠트리피케이션이란 뭔지, 왜 발생하는지, 종류로는 어떤 것들이 있는지 등을 구체적인 사례와 함께 알아보았어. 이 이야기들에서 짐작할 수 있듯이 젠트리피케이션은 단순한 도시 문제 가운데 하나가 아니야. 건물주(또는 집주인)와 세입자 사이에 발생하는 임대차 분쟁 정도에서 끝나는 문제는 더더욱 아니야.

젠트리피케이션에는 경제, 사회, 문화, 정치 등 우리 삶에 영향을 미치는 거의 모든 문제가 담겨 있어. 그래서 젠트리피케이션을 논의하다 보면 양극화와 불평등, 땅과 집, 인권과 민주주의, 도시와 공동체 등을 비롯해 우리 사회가 안고 있고 또 해결해야 할 갖가지 현안들에 대한 이야기로 가지가 뻗어 나가기 마련이야.

그러므로 젠트리피케이션은 우리 사회와 삶을 들여다보는 '거울'이자 '창(窓)'이라고 할 수 있어. 이 세상의 압축판인 셈이지. 우리가 살아가는 세상이 어떤 곳인지를 이해하고 우리 삶을 성찰할 수 있게 해 주는 맞춤한 키워드 가운데 하나가 바로 젠트리피케이션이야.

자, 그럼 이제부터 젠트리피케이션에서 비롯하는 이런 중요한 이야기들을 좀 더 자세히 나눠 보자.

3장

둥지에서 내몰리는 사람들

기이한
장례식

2010년 1월 9일, 나는 어느 장례식에 참석했어. 여느 장례식과는 아주 딴판인 특이한 장례식이었지.

규모와 장소부터 남달랐어. 1만 명이 넘는 사람이 일반적인 장례식장이 아닌 서울역 광장에 빼곡히 모였거든. 장례식이 진행되는 방식과 모습도 이상하긴 마찬가지였어. 서울역 광장에서 영결식을 마친 뒤 그 수많은 사람이 4킬로미터쯤 떨어진 용산의 남일당이라는 건물로 거리 행진을 벌였어. 영정을 든 다섯 사람이 행렬의 선두에 섰고, 그 뒤로는 갖가지 구호가 적힌 깃발과 플래카드가 끝도 없이 나부꼈어.

행진 과정에서 사람들이 점점 더 불어나 행렬이 목적지에 가까워지자 남일당 건물 일대의 거리는 인파로 넘쳐 났어. 이윽고 남일당 앞에서 노제가 치러졌고, 사람들이 점령한 도로와 인근 골목길 곳곳에서는 즉석 집회와 문화 공연 등이 열렸지. 오전부터 시작된 장례식은 밤이 이슥해서야 끝났어.

무슨 장례식이었을까? 내가 이 기이한 장례식에 참석

한 이유는 뭘까?

이 장례식의 정식 명칭은 〈'용산참사 철거민' 민중열사 범국민장〉이었어. 사람들이 들었던 플래카드와 피켓 등에는 "용산참사 진상 규명", "살인 개발 중단하라", "개발 악법 철폐하라", "철거민을 석방하라", "여기 사람이 있다" 같은 구호들이 적혀 있었어. 그래서 이 장례식의 실체와 의미를 이해하려면 용산참사가 무엇인지부터 알아야 해.

때는 장례식이 열린 시점으로부터 약 1년을 거슬러 올라가. 2009년 1월 19일 새벽에 서른 명이 넘는 한 무리의 사람들이 서울 용산구의 남일당 상가 건물 옥상으로 올라갔어. 이들은 옥상을 점거한 뒤 얼기설기 망루(적이나 주위의 동정을 살피려고 높이 지은 다락집 형태의 시설물)를 지어 농성에 들어갔어. 이들은 누굴까? 한겨울 새벽의 매서운 칼바람을 뚫고 이들은 왜 이런 일을 하는 걸까?

이들은 건물 주변 일대가 재개발되면서 쫓겨날 처지로 몰린 철거민들이었어. 주로 식당 등을 운영하며 생활하다가 생계수단을 빼앗길 위기에 처한 이들이지. 이들은 대책도 없이 삶의 터전을 포기할 순 없었어. 그러니까 이들의 행동은 생존을 위해 강제 철거에 맞서는 저항이었던 셈이지. 하지만 국가권력은 이들을 가만두지 않았어. 바로 그다음 날 새벽, 경찰 특공대를 앞세운 수백 명의 경찰을 투입해 강제 진압 작전을 개시했지.

경찰은 철거민들을 빨리 제압하려고 컨테이너에 특공대원들을 실어 옥상으로 올려 보내는 과격한 작전을 펼쳤어. 물러설 곳이라곤 없던 철거민들과 격렬한 충돌이 일어날 수밖에 없었지. 비극은 그 와중에 일어났어. 충돌 과정에서 그만 큰 불이 나고 만 거야. 건물 옥상은 아수라장이 됐고, 쫓기던 철거민들이 피신해 있던 망루는 순식간에 화염에 휩싸였어. 큰 희생과 피해를 피할 수 없었지. 결국 철거민 5명과 경찰 1명이 숨지고 말았어. 20여 명은 크고 작은 부상을 입었고.

이 사건을 일컬어 '용산참사'라고 해. 하지만 참사는 거기서 끝나지 않았어. 어쩌면 더 어이없는 참사가 그 이후에 벌어졌고, 지금도 참사는 계속되고 있다고 해야 할지 몰라. 왜 이런 얘기를 하냐고?

불구덩이
속에서

애초 진압 작전을 개시할 때 현장의 경찰 지휘자는 준비가 부족하고 너무 위험하니 작전을 연기하자고 건의했어. 하지만 그 윗선의 경찰 최고 책임자와 정부 권력자들은 무리하더라도 작전을 강행하라고 명령했어. 참사 이후 사건의 진상을 밝혀야 한다는 요구가 빗발치고, 다수의 사람을 죽이기까지 한 경찰의 과잉 폭력 진압을 규탄하는 여론이 들끓어 오른 건 당연한 일이겠지?

그러자 궁지에 몰린 당시 정부는 오히려 철거민들을 불법 과격 시위를 벌인 범죄자로 몰아갔어. 위기에서 벗어나려고 여론을 조작하는 공작을 펼치기도 했고. 과잉 진압과 여론 조작은 철거민 쪽을 편들려고 일부러 지어내거나 부풀린 얘기가 아니야. 2018년 '경찰청 인권침해사건 진상조사위원회'라는 공적 기구가 용산참사를 다시 조사해서 공식적으로 밝혀낸 사실이야.

당시 정부는 점거 농성에 참가한 철거민 5명을 구속하

기까지 했어. 국가의 과잉 폭력 진압 탓에 벌어진 참사를 한낱 방화 사건으로, 국가 폭력의 희생자들을 방화범으로 둔갑시킨 거지. 반면에 참사를 일으킨 실질적 주범인 경찰 쪽 책임자들은 아무런 처벌도 받지 않았고 어떤 책임도 지지 않았어. 외려 진압 작전의 최고 책임자였던 당시 서울경찰청장은 그 뒤에 공기업 사장을 거쳐 국회의원이 되는 등 지금까지 부귀영화의 길을 걷고 있지.

　　용산참사 희생자들의 장례식을 사건이 벌어진 지 1년이나 지나서야 치르게 된 건 이런 배경에서야. 많은 사람이 죽고 다치는 참사가 벌어졌는데도 책임자 처벌이 이루어지지 않은 것은 물론 사건의 진상마저 제대로 밝혀지지 않은 상태에서 죽은 이들을 편히 하늘나라로 보낼 순 없었던 거야. 희생자의 유족들은 차마 그럴 수 없었어. 머리 숙여 사죄하고 처벌을 받아야 할 이들이 오히려 적반하장으로 희생자와 유족, 점거 농성에 참가한 철거민들을 두 번 세 번 짓밟는 모습에 분노한 수많은 시민의 마음도 마찬가지였어. 내가 이 장례식에 참석한 것은 나 또한 그런 시민 가운데 하나였기 때문이야. 뒤늦게나마 희생자들을 애도하고 유족들을 위로하는 자리에 내 자그만 마음 하나라도 보태고 싶었던 거지.

용산참사는 아직도 끝나지 않았어. 2019년 1월 20일에 열린 '용산참사 10주기 희생자 추모제'를 다룬 아래 기사를 봐.

"죽은 자는 말이 없다고 합니다.
그러면 죽인 자는 말을 해야 할 것 아닙니까."

권명숙 씨(57)는 10년이 지난 지금도 해답을 찾고 있다. 권 씨의 남편 이성수 씨는 용산참사 희생자 가운데 한 명이다. 용산참사가 일어난 지 꼭 10년이 됐지만 제대로 된 진상 규명과 책임자 처벌은 여전히 이뤄지지 않고 있다. "사고만 아니었으면 남편하고 한 푼을 벌어도 같이 재미나게 살고 있을 텐데… 우리가 왜 이런 고통을 받고 살아야 합니까." 속절없이 흐르는 눈물 사이로 권 씨의 가슴속 응어리가 함께 터져 나왔다.

이날 오후 1시 30분 경기 남양주 마석 모란공원 희생자 묘역에서 '용산참사 10주기 희생자 추모제'가 열렸다. 당시 망루에서 탈출한 생존 철거민 9명과 유가족 등 150여 명이 참석한 가운데 열린 이날 추모제에는 눈발이 날리던 지난 추모제와 달리 햇살이 묘역을 비췄다. 사회를 맡은 박래군 범국민추모위원회 집행위원장은 "10년 만에 가장 따뜻한 날"이라고 말했다. 하지만 온기와 햇살이 무색하게

10주기를 맞이하는 생존자들과 유가족들의 표정은 무겁기만 했다.

10년이라는 세월은 그만큼 그들에게 잔혹했다. 희생자 윤용헌 씨의 부인 유영숙 씨(59)는 "10년이 지났지만 아이들은 아직도 아빠의 죽음을 인정하지 않고 있다. 아빠가 어디에 여행 간 것 같다고 하는데, 그 말을 듣고 내 가슴이 무너졌다"고 말했다. 유 씨는 아직도 수면제가 없으면 잠을 잘 수가 없다고 털어놨다. 생존자 김창수 씨(45)는 "함께 망루에 올랐던 우리들은 10년 전 그 불구덩이에서 벗어나지 못하고 있다"는 말로 지난 세월을 돌이켰다.

— 〈한겨레〉 2019년 1월 21일자 기사

여태껏 불구덩이에서 벗어나지 못하는 사람들을 옆에 두고서, 현재 남일당이 있던 자리에는 거대하고도 휘황찬란한 초고층 주상 복합 건물이 쑥쑥 올라가고 있어. '용산참사 방지법'이라고도 불리는 '강제퇴거금지법'이 2012년에 발의됐지만 아직도 제대로 된 논의조차 이루어지지 않고 있어. 2019년 2월 현재, 국회의원이 된 용산참사의 최고 책임자이자 주범이 바로 이 법을 다루는 국회 상임위원회에 소속돼 있기도 해. 참사 이후 10년이 흘렀음에도 현실에서는 여전히 '막장 드라마'와 '엽기 코미디'가 계속되고 있다고 하면 지나친 말일까?

쫓아내는 사람,
쫓겨나는 사람

용산참사 이야기를 꺼낸 이유는 크게 두 가지야. 하나는, 용산참사가 젠트리피케이션이 어떤 문제를 일으키는지를 압축적으로 보여 주기 때문이야. 다른 하나는, 젠트리피케이션이 일으키는 문제들이 우리 사회와 사람들의 삶에 어떤 영향을 미치며 어떤 의미를 지니는지를 용산참사를 통해 종합적으로 이해할 수 있어서야.

용산참사가 생생하게 보여 주듯이, 젠트리피케이션이 일으키는 수많은 문제 가운데 첫 번째로 꼽을 것은 '쫓겨남' 또는 '내몰림'이야. 여기서 핵심은 이런 일이 강제로 벌어진다는 점이야. 쫓겨나는 사람의 뜻이나 형편 등은 무시된다는 거지. 국립국어원이 젠트리피케이션의 우리말 표현으로 '둥지 내몰림'을 제안한 것도 그만큼 이 문제가 중대해서겠지?•

• 이것을 쫓겨나는 입장에서는 '강제퇴거'라 하고, 쫓아내는 것을 강조하는 뜻으로는 '강제축출'이라 불러. 퇴거란 '있던 자리에서 옮겨 감 또는 물러남'이란 뜻이고, 축출이란 '쫓아내거나 몰아냄'이란 뜻이야. 이것을 조금 부드럽게는 '비자발적 이주'라는 표현을 쓰기도 해. 이주, 그러니까 본래 살던 집에서 다른 집으로 거처를 옮기

이 문제가 중요한 이유는 뭘까? 그것은 한마디로, 집과 일은 사람이 사람답게 사는 데 없어서는 안 되는 필수조건이자 근본 바탕이어서야. 집은 단순한 물리적 건축물이 아니잖아? 집은 삶의 터전이자 보금자리야. 생활과 사회경제적 관계의 가장 기본적인 단위인 가정의 토대이기도 해. 일은 생계수단인 동시에 자아실현과 사회적 활동의 장이야. 집과 일이 없으면 사람은 존엄성을 잃게 돼. 인간으로서 품위 있는 생활을 누릴 수 없게 되지. 일정한 곳에서 안정적으로 살 권리인 주거권과 일할 권리인 노동권을 기본권, 곧 인간이라면 누구나 반드시 누려야 할 권리로 꼽는 까닭이 바로 이거야.

이렇게 중요한 것을 강제로 빼앗긴다고 생각해 봐. 인간과 삶 자체를 파괴하는 것이라 해도 지나친 말이 아니겠지? 용산참사에서 철거민들이 그 위험하고 아찔한 망루에 왜 올라갔겠어? 그 불타는 망루에서 왜 끝까지 저항했겠어? 그들은 더 잃을 것도, 더 물러설 곳도 없었기 때문이야.

이런 비극을 만들어 내는 게 젠트리피케이션이야. 이게 젠트리피케이션의 핵심이자 본질이야. 앞의 여러 사례가 일러

는 것이긴 한데, 이것이 자기 뜻이 아닌 다른 요인에 의해 비자발적으로 이루어진다는 얘기지. 하지만 어떤 용어를 쓰든 '쫓아냄'과 '쫓겨남'이라는 본질에는 변함이 없어.

주듯 젠트리피케이션이 발생하면 가난하고 힘없는 사람들은 집이라는 삶터나 가게, 식당 같은 일터에서 쫓겨나게 돼. 이런 일이 벌어질 때 사람들이 살거나 일하는 공간은 '인간다운 삶'의 보루로 여겨지지 않아. 한낱 임대차 계약에 따른 '물건'으로만 다루어지기 일쑤야. 누군가는 쫓겨나 삶과 생활이 무너져 내릴 지경인데도 이것이 누군가에게는 그저 계약을 종료하거나 변경하는 정도의 사무적인 일에 지나지 않는 거지.

상황이 이렇다 보니 젠트리피케이션에 대해서도 이렇게 생각하기 쉬워. 집값이나 임대료가 너무 오르거나 건물주가 욕심을 지나치게 부리거나 해서 일어나는 안타까운 일쯤으로 말이야. 하지만 부동산 가격이 어떻게 변하든, 건물주의 됨됨이가 어떠하든, 특정 공간에서 살아가는 사람들이 그들의 뜻과는 달리 강제로 쫓겨나선 안 돼. 말했듯이 이것은 인간과 인간의 삶을 근원적으로 망가뜨리는 일이야. 또한 바로 그렇기 때문에 본질적으로 폭력이라고 할 수 있어. 쫓겨나는 사람의 입장에서는 재앙이 들이닥친 것과 마찬가지지.

이런 점에서 젠트리피케이션은 '도시형 재난'이자 '사회적 재난'이라고 할 수 있어. 국제 인권기구인 유엔 사회권위원회에서 강제퇴거와 강제축출을 '중대한 인권 침해'로 규정하면서 안정적인 주거권 보장을 각별히 강조하는 이유도 여기에 있지.

고등학교 교사로 일하는 정창준 시인이 용산참사를 배경으로 하여 쓴 〈아버지의 발화점(發火點)〉이란 시가 있어. 차라리 무거워도 달팽이처럼 이고 다닐 수 있는 집이 있다면, 아니 집이 아예 없다면, 하고 그는 노래해. 누가 이처럼 쉽게 헐려 버릴 집을 지은 건지 한탄하지. 그의 시를 보면 젠트리피케이션이 사람들에게 얼마나 큰 상처를 남기는지를 잘 느낄 수 있어.

용산참사의 희생자들에게서 보듯이 쫓겨난 이들에게 집이란 거미집보다 더 가늘고 위태로울 뿐이야. "집이란 것이 아예 없었다면"이라는 역설적인 얘기는 뭘 뜻하는 걸까? 그건, 만약 그랬다면 쫓겨날 일도 없었을 테고, 그랬다면 불에 타 죽는 끔찍한 불행을 겪지 않아도 되기 때문이야. "차라리 무거워도 달팽이처럼 이고 다닐 수 있는 집이 있었으면" 좋겠다는 가슴 아픈 고백도 그래서 나오는 거야. 집을 자기가 이고 다니면 최소한 쫓겨날 일은 없잖아?

이 시는 낮은 곳에 있던 사람이 그 위험한 망루에 오르는 것은 낮은 곳마저 빼앗겼을 때라고 얘기하고 있어. 그런데 용산참사 희생자들은 낮은 곳을 빼앗겼을 뿐만 아니라 그 망루 위에서 목숨마저 빼앗기고 말았어. 이런 비극을 일으키는 게 슬프게도 젠트리피케이션이야.

끝없이 되풀이되는 인클로저

이런 재난은 최근에 벌어지기 시작한 새로운 현상일까? 아니야. '쫓아냄'과 '쫓겨남'의 역사는 동서고금을 막론하고 뿌리가 아주 깊어. 대표적인 게 '인클로저(enclosure) 운동'이야.

인클로저 운동이란 유럽에서 중세가 저물어 가던 15세기 무렵부터 19세기에 걸쳐 영국에서 지주들이 미개간지, 공동 방목장이나 경작지, 황무지, 교회 토지 등과 같은 공유지에 울타리를 둘러치고서 이곳들을 사유지로 만든 일을 가리키는 말이야. enclosure라는 영어 단어 자체가 '둘러쌈, 포위, 울타리' 등의 뜻을 지녔지. 본래 이들 공유지는 사람들이 공동으로 이용할 수 있는 땅이었어. 그게 오랜 전통이자 관습이었어. 하지만 인클로저 운동이 벌어지면서 공유지가 그만 지주들의 사유지로 바뀌고 만 거야. 그 결과 가장 큰 타격을 받은 건 농민이었어. 이전에는 공유지에서 농사를 지었지만 이제는 쫓겨나게 됐으니까 말이야.

지주들이 이렇게 한 이유는 뭘까? 그건 자기들 수입을

늘리기 위해서였어. 당시 영국에서는 직물 공업의 발달로 양털값이 크게 뛰어올랐어. 그러니 공유지를 농민들이 농사짓는 땅으로 두기보다는 울타리를 쳐서 농민들을 쫓아내고 대신에 양을 키우는 목초지로 바꾸는 게 돈을 버는 데 훨씬 더 유리했던 거지. 이렇게 해서 막대한 부를 쌓은 이들이 젠트리야. 앞에서 젠트리피케이션이라는 말의 어원이 됐다고 얘기한 바로 그 젠트리 말이야. 이들 상류 지주 계층은 그 뒤 의회 등으로 진출해 정치적 영향력도 키우고 상업이나 금융 쪽과도 결합하면서 이후 본격적으로 펼쳐진 자본주의 사회의 새로운 지배 세력으로 성장해 갔어.

반면에 공유지에서 쫓겨나는 바람에 몰락한 농부들은 어떻게 됐을까? 이들은 먹고살 길을 찾아 도시로 떠날 수밖에 없었어. 공장에서 낮은 임금을 받으며 일하는 공업 노동자가 되는 것 외에는 다른 길을 찾을 수가 없었지. 본래 농민은 땅에 속한 사람이야. 땅과 아주 긴밀하게 결속돼 있었지. 그랬던 사람들이 땅에서 분리되고 밀려나 도시 노동자로 전락하고 만 거야. 이렇게 되자 당시 한창 발전하고 있던 자본주의는 환호성을 질렀어. 자본주의 경제성장의 엔진 구실을 하는 공업에 반드시 필요한 값싼 노동력이 풍부하게 공급됐기 때문이야.

영국의 사상가이자 저술가인 토마스 모어는 이런 현실을 보면서 "전에는 사람이 양을 잡아먹었지만 지금은 양이 사람을 잡아먹는다."라고 풍자하기도 했어.

결국, 모두의 공간을 마치 한 사람만이 소유하는 물건처럼 바꾼 것이 인클로저야. 이처럼 뭔가를 개인의 사적인 소유로 만드는 걸 '사유화'라 불러. 바로 이런 사유화 때문에, 즉 누구나 누려야 할 공동의 권리와 자격을 특정한 한 사람이 독점하게 되면서 '쫓아냄'과 '쫓겨남'이 생겨나는 거야. 그래서 지금 우리가 겪고 있는 젠트리피케이션은 '현대판 도시 인클로저'라고 할 수 있어. 사실 좀 부풀려서 말하면 젠트리피케이션의 역사는 도시 자체의 역사라고 해고 지나친 말이 아니야. 서울을 비롯한 우리나라 대도시들이 걸어온 길을 살펴보면 이것을 잘 알 수 있어.

도시의 역사가 곧
젠트리피케이션의 역사

서울의 성장과 발전은 그냥 이루어진 게 아니야. 그 과정에서 사람들은 끊임없이 삶의 보금자리에서 떠나도록 강요받았어. 물론 그 방식과 모습과 정도는 시대에 따라 달라졌지만 말이야. 이 가운데서도 특히 폭력성과 야만성이 두드러졌던 건 1980~90년대에 정부가 앞장서 주도한 각종 재개발 사업이었어.

1980년대는 군사독재 정권이 지배하던 시절이었어. 당시 국가권력은 가난한 사람들이 몰려 사는 도시 변두리의 이른바 판자촌이나 달동네를 집중적인 개발 대상으로 삼았어. 정부, 곧 권력이 앞장서고 자본, 곧 건설 대기업이 여기에 결합됐지. 기존 주택을 강제로 철거하는 과정에서 독재 정권은 경찰을 비롯한 공권력까지 동원해 도시 빈민들을 폭력으로 몰아냈어. 그러고선 그 자리에 대규모 아파트 단지를 건설했어.

1990년대부터는 흐름이 달라졌어. 이젠 정부가 직접 전면에 나서지 않았어. 대신에 정부가 짜 놓은 제도적 틀과 환

경 속에서 대기업 건설 자본이 해당 지역의 재개발 조합과 손
잡고 주로 세입자인 지역 주민들을 몰아냈어. 그러고선 마찬
가지로 대규모 아파트 단지를 지었어.

　이렇게 도시 곳곳을 재개발하고 재건축하는 과정에서
난무한 것은 폭력이었어. 집과 건물을 허물고 동네 전체를 불
도저로 밀어 버리는 와중에 쫓겨나지 않으려고 저항하는 사람
들은 철저히 짓밟혔어. 집 안으로 들이닥쳐서 강제로 사람을
끌어내는 건 예사였지. 엄연히 사람이 집 안에 있는데도 문을
뜯어내고 집을 부숴 버리기도 했고, 여기에 '용역 깡패'라 불리

는 철거 용역들이 정부와 건설사의 힘을 등에 업고 폭력에 가세하기도 했어.

그러다 2000년대 들어서는 '뉴타운 사업' 광풍이 휘몰아쳤어. 이는 광범한 지역을 하나의 개발 대상 지구로 삼고, 이를 다시 여러 개의 소규모 구역으로 쪼개어 재개발, 재건축, 도심 정비 등 다양한 수법을 동원해 개발을 추진하는 거야. 종합적인 광역 재개발 사업인 셈이지. 이 과정에서도 개발 대상 지역에 살고 있던 주민들이 대규모로 쫓겨나야 했던 건 마찬가지였어. 물론 이전과 같은 끔찍한 폭력이 좀 줄어들긴 했지만 말이야. 어쨌든 서울시 전체를 미친 듯한 개발의 소용돌이로 몰아넣은 뉴타운 사업은 그 뒤 부동산 가격이 걷잡을 수 없이 치솟고 비판 여론도 높아지는 바람에 지금은 취소되거나 축소되거나 변경되는 경우가 많아졌어.

여기서 잠깐 짚고 넘어갈 게 있어. 폭력이란 사람에게 직접 물리적으로 가해지는 것만을 뜻하는 게 아니라는 점이 그거야. 세계적 평화학자인 요한 갈퉁은 '구조적 폭력'이라는 개념을 제시했어. 그는 억압과 착취가 일으키는 경제적 불평등이나 사회적 불의 등을 사회 구조에서 말미암는 간접적 폭력이라고 규정했어. 이렇게 폭력의 범위와 성격을 넓혀야 다양한 폭력의 참모습을 제대로 이해할 수 있기 때문이지.

이런 개념을 젠트리피케이션 이야기에 적용하면 어떻게 될까? 용역 깡패들이 저항하는 세입자를 직접 폭행하는 것만이 폭력이 아니겠지? 따지고 보면 수많은 세입자가 언제 내쫓길지 몰라 늘 불안과 공포에 떠는 현실 자체가 이미 폭력이라는 얘기야.

도시는 개발하고 확장하고 정비하는 과정을 거치면서 성장해. 서울을 비롯한 우리나라 대도시는 그 모든 과정에서 젠트리피케이션이 끊임없이 발생했다는 사실을 생생하게 보여 주고 있어. 과거에는 젠트리피케이션이라는 용어가 등장하지 않았고, 그래서 쓰이지 않았을 뿐이야. 젠트리피케이션은 어느 날 갑자기 하늘에서 떨어진 게 아니야. 오랫동안 우리 곁에 있었고 우리 사회와 삶 전반을 강력하게 지배해 온 것이 젠트리피케이션이야. 그것도 폭력을 동반한 채. 아니, 젠트리피케이션 자체가 거대한 폭력이라는 사실을 숨긴 채.

4장

돈으로 쌓아 올린
부동산 공화국

돈을 먹고
자라는 도시

여기까지 얘기를 들으니 어때? 젠트리피케이션이란 게 안 그래도 길고 어려운 외래어라 영 마땅찮은데, 그 내용에서도 어둡고 슬픈 얘기가 계속되니 더 알아보고 싶은 마음이 달아난 건 아니야? 그래도 수많은 사람이 실제로 겪고 있고, 또 내가 사는 곳과 우리 사회 전체에도 큰 영향을 끼치는 문제인 만큼 조금만 더 깊이 들어가 보자. 기왕에 떠난 길, 도중에 멈출 순 없잖아?

이제 이런 질문을 던져 보자. 쫓아내는 사람의 도시와 쫓겨나는 사람의 도시는 과연 같은 곳일까? 우리가 사는 도시는 누구를 위한, 누구에 의한, 누구의 것일까? 이런 물음에 대한 답을 얻으려면 먼저 우리 도시가 젠트리피케이션을 숙명처럼 짊어지게 된 이유와 배경을 알아야 해.

우리 사회에서 도시의 발전은 급속한 경제성장과 발걸음을 함께해 왔어. 우리 현대사를 오랫동안 주름잡아 온 독재 정권들은 산업화니 근대화니 하는 이름 아래 경제성장을 국가의 최우선 정책으로 밀어붙여 왔어. 정부는 이에 따라 국가 전체의 경제 정책과 국토 개발 계획을 펼쳤는데, 여기서 큰 구실을 떠맡은 게 다름 아닌 부동산이야. 부동산을 바탕으로 한 수많은 건설과 개발 사업들이 엄청난 이익을 만들어 냈기 때문이야. 그러니까, 본래 평지였던 곳은 말할 것도 없고 산이나 숲, 갯벌 같은 곳도 드넓은 땅으로 바꾸어 거기에 공장, 건물, 도로 등을 무수히 많이 짓는 것이 경제를 발전시키는 핵심 수단이었다는 얘기야.

　이런 일이 가장 집중적으로, 또 대규모로 벌어지는 곳은 어디일까? 바로 도시야. 사람과 돈을 비롯한 온갖 자원이 몰려 있는 곳이 도시여서지. 부동산 개발을 이용한 성장과 발전이 가장 크고 많은 문제를 일으키는 곳이 도시인 이유도 여기에 있어. 게다가 도시는 오늘날 세계 경제를 지배하는 자본주의 경제 시스템의 심장부라고 할 수 있어.

　문제는 이 자본주의라는 것의 가장 근본적인 속성이 돈벌이 논리라는 거야. 그러니까 물건을 만들고 파는 것 등을 통해 가장 큰 수익을 올리는 게 자본주의 경제 체제의 가장 중요한 목적이자 동력이라는 얘기지. 이걸 좀 어려운 말로 이윤 극대화라고 해. 그리고 이것을 이루기 위한 방법이 상품화야. 모든 걸 상품, 다시 말하면 돈으로 사고팔 수 있는 물건으로 만든 다는 얘기지. 사람도 예외가 아니야. 기업이 노동자를 고용해 임금을 주는 것은 노동자를 존엄한 인격체로 여겨서가 아니 야. 노동자는 다만 물건을 생산하는 데 필요한 노동력으로 취 급될 뿐이지. 노동자는 생존을 위해 자신의 노동력을 상품처 럼 팔 수밖에 없어. 이게 자본주의의 본질이야.

　　도시도 마찬가지야. 자본주의 시스템 아래서 도시가 성 장하는 과정은 자본주의의 돈벌이 욕망과 상품화 논리에 따라 도시 공간을 끊임없이 새롭게 만들어 내고 뜯어고치고 소비하 는 과정이라고 할 수 있어. 다시 말하면 땅, 건물, 집 등과 같은 부동산을 개발해서 상품으로 바꾸고 이것을 사고팔고 하는 것 이 가장 큰 수익을 안겨 주는 수단이 된다는 얘기야. 도시는 땅 값을 비롯해 부동산 가격이 높고 건물이나 집이 빽빽하게 들 어차 있어서 훨씬 큰 수익을 거둘 수 있어. 이렇게 해서 도시의 부동산은 상품화와 투기화의 길을 걷게 되는 거야.*부동산 개 발이 도시 정책에서 아주 중요한 수단이 되는 건 이런 배경에 서지. 도시 곳곳에서 철거, 재개발, 재건축, 도심 정비 따위가

* 투기란 어떤 기회를 틈타 큰 이익을 보는 것을 말해. 특히 시세차익을 노리고 부 동산이나 주식 같은 걸 사고파는 게 대표적이지. 아파트 같은 도시의 부동산이 바 로 이런 투기의 집중적인 대상이 되고 있는 게 우리 현실이야.

무시로 벌어지는 이유 또한 여기에 있고.

　　도시가 이런 식으로 굴러가면 어떻게 될까? 대부분의 도시 공간이 돈벌이 논리를 우선시하는 경제적 기능에 종속되겠지? 반면에 돈을 떠나 시민 모두에게 골고루 필요한 사회적 기능은 가볍게 여겨지거나 무시되기 마련일 테고. 중요한 것은, 자본주의 경제 체제에서 경제활동의 가장 중요한 주체는 기업으로 상징되는 사적 자본이라는 점이야.

　　기업이 존재하는 이유와 목적은 한마디로 돈을 많이 버는 거야. 그러다 보니 도시와 그 도시에서 살아가는 시민 전체를 위해 반드시 필요한 공공성이 훼손될 때가 많아. 이를테면, 모든 이가 자유롭게 사용해야 할
공적인 공간들이 자본의
이해관계에 따라
사유화되는 게

대표적인 보기지. 도시의 부동산을 개발한 결과로 들어서는 것의 대부분이 기업들이 운영하는 쇼핑 시설, 업무 빌딩, 호텔, 주상복합건물 등인 데에는 다 그만한 까닭이 있는 거야.

젠트리피케이션도 이런 맥락에서 들여다볼 필요가 있어. 도시의 수많은 공간을 어떻게 만들고 활용해야 수익을 최대한 많이 올릴까 고민하는 자본주의의 돈벌이 전략이 젠트리피케이션을 낳았다는 거지. 젠트리피케이션이 도시 곳곳에서 비슷한 방식과 형태로 되풀이해서 발생하고 서울을 넘어 지방 도시로도 광범하게 퍼지는 근본 이유도 여기에 있어. 자본주의는 돈벌이가 되는 곳을 귀신같이 찾아내고 그곳을 자신의 '식민지'로 삼기 마련이거든.● 이처럼 좀 더 넓고 깊게 보면, 부동산을 개발하여 공간을 상품처럼 바꿈으로써 커다란 이익을 거두고자 하는 자본주의의 이윤 추구 논리가 젠트리피케이션의 바탕에 깔려 있어.

바로 이 때문에 젠트리피케이션은 단순히 땅을 빼앗고

● 예를 들면 서울 강남구 신사동의 가로수길이 뜨자 인근에 세로수길이 생겨나는 식이야. 서울 용산구 이태원동의 경리단길이 유명세를 타자 망원동에 망리단길, 연남동에 연리단길, 송파구에 송리단길이 등장했어. '~리단길' 유행은 지방으로도 번졌어. 전주 한옥마을, 경주 황남동, 부산 해운대 지역에도 각각 객리단길, 황리단길, 해리단길 등이 생겨났지. 하지만 이들 중 대다수 지역에서 젠트리피케이션과 비슷한 현상이 나타났어.

사람을 내쫓는 차원에서 끝나는 게 아니야. 자본주의가 다스리는 도시의 사회경제적 변화 전반을 아우르고 있어. 젠트리피케이션이 건물주나 세입자처럼 직접적인 이해관계로 엮인 사람들을 넘어 도시를 살아가는 모든 시민에게 영향을 미치는 이유가 여기에 있지. 특정 지역에서 발생한 젠트리피케이션의 영향이 그 지역을 넘어 도시와 사회 전체에 널리 미치는 것도 같은 이유 때문이고. 사람들 사이의 공동체적 관계가 망가지거나, 공적인 공간과 자원이 사유화되거나, 사회경제적 약자들이 차별받고 소외되는 것 등이 젠트리피케이션이 일으키는 사회적 피해의 대표적 보기들이야.

도시와 자본주의의 관계를 이렇게 구조적인 관점에서 들여다볼 때 우리는 젠트리피케이션의 실체를 보다 깊이 이해할 수 있어.

이곳도 저곳도
하얗게 하얗게

앞에서 말했듯이 서울 홍익대 인근은 우리나라에서 젠트리피케이션이 대규모로 발생한 대표적 지역이야. 이 홍대 근처에 '두리반'이라는 식당이 있어. 칼국수와 보쌈 등을 파는 곳이지. 두리반이 걸어온 길에는 이 지역에서 벌어진 젠트리피케이션의 역사가 새겨져 있어.

본래 두리반은 홍대 근처 동교동 삼거리라는 곳에 있었어. 2005년에 어느 소설가가 아내와 함께 문을 열었지. 그런데 마침 이때는 이 지역에서 젠트리피케이션이 본격적으로 진행되기 시작하던 시점이었어. 아니나 다를까, 젠트리피케이션 바람을 타고 이 지역에도 기존 건물을 허물고 새 건물을 올리는 개발 사업이 시작됐고, 결국 이들은 2009년 12월 24일 철거 용역 깡패들에게 쫓겨나고 말았어. 그 이전에 아내가 찜질방 식당 등을 운영하면서 어렵사리 모은 돈으로 두리반을 차렸는데, 한 푼의 보상금도 받지 못하고 그냥 거리로 나앉게 된 거야. 하지만 이들은 무기력하게 물러서지 않았어. 쫓겨나는 과정에서 엉망진창이 되어 버린 식당에 다시 들어가 이대로 쫓겨날 순 없다며 농성을 벌이기 시작한 거야.

　　그러자 놀라운 일이 벌어지기 시작했어. 홍대 근처에서 같은 처지로 고민하고 고통받던 문화예술인들이 대거 두리반으로 몰려와 연대 투쟁을 벌이기 시작한 거야. 이 소식은 홍대 근처를 넘어 널리 퍼져 나갔어. 그러자 곳곳에서 문화예술인은 물론 아주 다양한 사람들이 달려와 이 농성에 합류하기 시작했어. 이들의 무기는 문화예술이었어. 월요일에는 작은 공연을 펼치고, 화요일에는 영화를 상영하고, 목요일에는 촛불 예배를 드리고, 금요일에는 칼국수 음악회를 여는 식이었지. 철거 위협에 직면한 데다 용역 깡패들이 망가뜨려 놓은 조그만 식당이 훈훈한 '문화공연장'으로 변신한 거야. 이런 사회적 연대와 격려에 힘입어 이들의 저항 농성은 531일이나 이어졌어.

　　결과는 어땠을까? 길고도 험난한 투쟁 끝에 결국 두리반은 승리했어. 인근의 비슷한 상권으로 장소를 옮겨 영업을 다시 시작할 수 있도록 돕겠다는 약속을 끝내 재개발 사업 시행사로부터 받아 낸 거야. 2011년 6월 8일의 일이었지. 그리하여 두리반은 다시 시작할 수 있었고, 지금도 홍대 근처에서 장사를 계속하고 있어.

'두리반'은 여럿이 둘러앉아 먹을 수 있도록 만든 크고 둥그런 밥상을 뜻하는 말이야. 저항에 동참한 문화예술인들은 〈사막의 우물〉이라는 소식지를 내기도 했어. 약자들을 함부로 내쫓는 '사막' 같은 이 시대에 두리반 식당이 '우물'이 돼야 한다는 뜻이었지. 말뜻 그대로 두리반은 여럿이 모여 끈질기게 연대하고 저항함으로써 사라질 뻔했던 '우물' 하나를 지켜 냈어.

그런데, 두리반이 홍대 근처에 있지 않았다면 이런 '작은 기적'이 일어날 수 있었을까? 이 일대의 가난한 문화예술가들이 두리반에서 칼국수를 먹지 않았다면, 주인이 소설가가 아니었다면, 이런 일이 가능했을까? 두리반 이야기에서 우리는 젠트리피케이션이 휩쓸기 이전의 홍대 일대 분위기가 어땠는지를 엿볼 수 있어.

홍대 앞은 1990년대만 해도 문화가 살아 꿈틀거리고 그 문화가 사람들과 어울려 빚어내는 이야기가 넘치던 곳이었어. 화가, 음악가, 공예가, 만화가, 글 쓰는 작가, 출판인, 문화 기획자와 활동가들이 옹기종기 모여들어 문화를 창조하고 다채로운 이야기를 만들어 냈지. 라이브 음악 클럽, 조그만 문화 공연장, 공방, 갤러리 등이 여기저기에 흩어져 있었고, 길거리 공연과 책이나 그림 전시회 같은 다양한 문화 행사도 곳곳에

서 펼쳐졌어. 그래서 사람들은 홍대 앞을 거닐면서 다른 곳에서는 만나기 힘든 이곳만의 색다른 문화적 매력과 예술적 즐거움을 누릴 수 있었어.

식당 하나를 지키는 일에 수많은 사람이 동참할 수 있었던 것도 근본적으로는 이 지역을 떠받치고 있던 이런 문화의 힘에서 찾을 수 있어. 특히 이곳에서 활동하던 문화예술인들은 대체로 기존의 주류 제도권 문화에 맞서는 새로운 도전의식과 실험정신, 젊은 패기와 참신한 감각 등을 공유하고 있었어. 처한 조건이나 환경도 비슷비슷했고. 두리반에서 이들이 하나로 어우러질 수 있었던 건 이곳에 이런 사람과 문화의 토대가 갖추어져 있었던 덕분이야.

하지만 1990년대 말을 거쳐 2000년대에 접어들 즈음부터 이곳에도 젠트리피케이션 바람이 본격적으로 상륙하기 시작해. 그 뒤 이곳은 돈벌이 중심의 상업적 활동이 범람하는 속물적 공간으로 빠르게 변했어. 지금도 계속되고 있는 관광특구 개발 움직임이 잘 보여 주듯이 상업화와 관광지화가 급속히 진행되고 있지. 요즘 홍대 앞을 가 보면 물건을 구경하고 사느라 바쁜 관광객들과 먹고 마시고 놀러 온 사람들로 가득해. 이곳 고유의 개성과 매력은 사라진 채 어딜 가나 볼 수 있는 획일적이고 표준화된 유흥지처럼 변하고 만 거야. 이처럼 젠트리피케이션은 사람의 온기와 문화의 향기를 갉아먹으면서 도시를 삭막하고도 살벌한 잿빛으로 물들여.

부모님이 빨래할 때 넣는 표백제라는 걸 본 적이 있니? 표백제는 더러운 것을 깨끗하게 만들기보다는 지금보다 더 하얗게 만드는 게 목적인 화학약품이야. 문화에도 이런 표백제를 쓴 것과 같은 현상이 벌어질 때가 많아. 지역 고유의 정체성과 문화적 다양성이 사라지고 자본과 돈의 논리가 획일적으로 지배하는 공간으로 변모하는 것을 조금 어려운 말로 '문화 백화(cultural whitening)' 현상이라 불러. '표백(whitening)'이란 본래 종이나 천 등을 화학약품 따위로 탈색하여 똑같이 희게 만드는 걸 뜻해. 어떤 지역을 이런 식으로 바꿔 버리는 게 바로 젠트리피케이션이야. 젠트리피케이션이 곧 '문화의 표백제'인 셈이지.

오늘날 도시 발전의 참된 원동력이나 경쟁력을 재는 잣대는 공장, 건물, 도로, 자동차, 편리하고 안락한 편의시설, 휘황찬란한 경관 등과 같은 '하드웨어'˙ 요소가 아니야. 우리가

• 하드웨어(hardware)란 본디 컴퓨터를 구성하는 기계 장치의 몸체를, 소프트웨어(software)는 컴퓨터 프로그램과 이와 관련된 문서들을 일컫는 말이야. 그런데 이 용어를 다른 경우에 비유적으로 빗대어 쓸 때가 많아. 이럴 때는 한마디로 하드웨어는 '껍데기'를, 소프트웨어는 '알맹이'를 뜻한다고 생각하면 돼.

추구해야 할 것은 '소프트웨어'야. 앞으로 도시의 가장 소중한 자산은 개성, 창조성, 다양성, 상상력, 자율성, 유연성, 개방성 등이 될 거라는 얘기지. 이것이 최근 도시 변화의 큰 흐름이야.

이런 것들을 만들어 내는 원천은 뭘까? 그게 바로 사람과 문화야. 우리 도시가 새로운 길을 개척할 때 반드시 지녀야 할 '나침반' 같은 것이 사람과 문화라고 할 수 있어. 이는 동시에 민주주의, 인권, 정의, 평화 같은 가치와도 깊은 관계를 맺고 있어. 오늘날 수많은 도시는 자본이 주도하는 개발이나 재산가치만을 추구하는 것이 당장은 달콤하지만 결국은 독이 된다는 사실을 깨닫고 있어. 도시에 진정한 힘과 매력을 불어넣어주는 것은 결국 사람들과 이들 사이의 상호작용, 그리고 이런관계와 과정에서 무르익는 문화라는 사실을 터득하고 있지.

이제 도시가 추구해야 할 것은 겉모습만 그럴듯한 양적인 성장과 팽창이 아니야. 우리의 과제는 질적인 풍요와 성숙이야. 오늘날 수많은 도시가 '인문 도시', '문화 도시', '사람 중심 도시' 등을 표방하는 것도 이런 이유에서지. 이 길을 가는 데 필요한 도시의 에너지와 잠재력을 좀먹고 있는 게 젠트리피케이션이야.

내 꿈은
건물주예요

네 꿈은 뭐니? 나중에 커서 무슨 일을 하며 살고 싶어?

지난 2016년 jtbc에서 서울 시내 초·중·고등학생 830명을 대상으로 장래 희망을 물어본 적이 있어. 그랬더니 고등학생들은 가장 선망하는 직업 1위로 '공무원'을, 2위로는 '건물주와 임대업자'를 꼽았어. 초등학생들의 장래 희망 1순위가 건물주라는 조사 결과가 있다는 얘기도 사람들 입에 많이 오르내려. 정확한 출처를 확인하기 힘든 걸로 보아 전적으로 믿긴 어렵지만 말이야. 너희들의 장래 희망도 혹시 건물주는 아니야?

우리 현실을 보면 이런 대답이 나올 만도 하다고 해야 할지 몰라. 한국은행이 지난 2015년에 내놓은 조사 결과가 있어. 우리나라에서 경제개발이 본격적으로 시작되던 1964년에서 2013년 사이의 여러 경제 지표를 비교 조사한 거야. 이에 따르면 이 50년 사이에 쌀 가격은 50배, 휘발유 가격은 77.5배 올랐어. 생활필수품 가격이 대체로 50~70배 정도 상승했다는 얘기지. 그럼 땅값은 얼마나 올랐을까? 놀라지 마. 무려 2976

배야. 50년 전에 100만 원 주고 산 땅이 지금은 30억 원이 된 거야. 완전 대박이지? 우리나라 전체 토지의 자산* 가치는 3030배나 뛰었고, 나라 전체의 자산 가운데 부동산이 차지하는 비율은 90퍼센트나 돼.

현실이 이러니 죽어라 공부해서 결국은 월급이나 몇 푼 받는 평범한 직장인이 되기보다는 편안하게 큰돈을 벌 수 있는 건물주가 되겠다는 '장래 희망'을 마냥 나쁘다고 비난할 수만은 없을 것 같아. 그러니 이제 우리는 제대로 알아야 해. 우리 사회가, 이 세상이 어쩌다 이렇게 됐는지를 말이야.

좀 전에 젠트리피케이션은 사회 전체를 망가뜨린다고 했잖아? 우리나라에서 이걸 상징하는 유명한 말이 있어. '부동산 계급 사회'와 '부동산 불패 신화'가 바로 그거야. 말이 좀 어렵고 딱딱하지? 하지만 우리 사회의 특성을 간단명료하게 압축하는 표현인 데다 아주 널리 쓰이는 말이니 이참에 정확히 알아두도록 하자.

앞에서 살펴봤듯이 부동산 개발로 만들어지는 이익의 대부분을 차지하는 것은 대기업을 비롯한 건설 자본과 부동산

* 개인과 기업 등이 소유하고 있는, 경제적 가치가 있는 모든 형태의 재산을 뜻하는 말이야. 그냥 쉽게 재산이라고 생각하면 돼.

부자들이야. 이는 우리 사회 전체적으로 부동산을 대하는 사람들의 관점과 태도에도 큰 영향을 미쳤어. 집이나 땅 같은 부동산이 단기간에 부를 늘리고 신분을 높일 수 있는 가장 효과적인 수단으로 받아들여진 거야. 이런 풍토에서 집은 보금자리나 삶의 터전이 아니야. 그저 돈을 더 많이 벌게 해 주는 상품이자 재산으로만 여겨질 따름이야. 부동산 투자와 투기가 전염병처럼 온 사회에 퍼진 건 그 당연한 결과겠지?

이렇게 하여 탄생한 것이 부동산 불패 신화와 부동산 계급 사회야. 부동산 불패 신화는 부동산을 사 두면 반드시 큰 이익을 본다는 뜻에서 나온 말이야. 결코 지지 않는, 다시 말해 결코 손해 보지 않는 불패의 신화. 우리 사회에서는 부동산이 이런 신화의 주인공으로 등극한 거야. 부동산 계급 사회는 부동산 자산과 거기서 발생하는 이익이 소수의 사람에게 집중됨으로써 부동산에 따른 불평등과 양극화가 극심해진 현실을 가리키는 말이야. 그래서 우리 사회를 '부동산 공화국'이라 부르기도 해.

여기서 가장 큰 문제는 뭘까? 그건 불로소득과 공적 가치의 사유화야. 불로소득이란 '직접 일을 하지 않고서 얻는 수익'을 뜻해. 곧, 땀 흘려 노동하지 않고도 가만히 앉아서 벌어들이는 금전적 이익을 가리키는 말이지. 건물주가 세입자한테서 받는 임대료 같은 게 대표적이야. 이것이 왜, 그리고 얼마나 심각한 문제인지는 젠트리피케이션이 진행되는 과정을 되짚어 보면 잘 알 수 있어.

궁중족발 사건을 떠올려 보자. 이 식당이 있는 땅과 건물의 가치를 높인 건 누굴까? 열심히 일한 김씨 부부와 이 식당을 찾은 손님들, 지역 주민 등이잖아? 그런데 이렇게 높아진 부동산 가치 덕분에 발생하는 이익의 대부분을 차지하는 건 누구지? 건물주야. 건물을 사서 소유하고 있다는 것 빼고는 별달리 한 일이 없는 건물주가 정작 그 건물의 가치를 높이는 데 크게 기여한 세입자를 내쫓기 일쑤인 게 우리 현실이라는 얘기야.

젠트리피케이션이 진행된 지역의 부동산 가치를 실제로 높인 사람들은 대체로 예술가, 상인, 주민 등이야. 반면에 이 덕분에 발생하는 이익을 챙기는 건 대개 부동산 투기 세력, 부동산 개발업자, 건물주와 땅 주인 등이야. 가치가 높아진 상권의 요소요소를 장악해 막대한 수익을 올리는 건 프랜차이즈 업소 등을 운영하는 대기업 자본이고. 젠트리피케이션을 둘러싼 이익의 분배 구조가 이래.

잊지 말아야 할 것은, 멋있는 동네나 장사가 잘되는 상권은 상인이든 예술가든 지역 주민이든 많은 사람이 땀 흘려 일하고 열심히 노력한 덕분이라는 사실이야. 많은 사람의 협동과 협업의 열매라는 거지. 때문에 이렇게 해서 높아진 부동산 가치는 공적 성격을 강하게 띤다고 할 수 있어. 그럼에도 그로 인해 발생하는 이익을 독점적으로 챙겨 가는 건 극소수의 사적인 특정 개인과 집단이야.

공적 가치의 사유화가 가리키는 바가 이것이고, 불로소득이 안고 있는 가장 큰 문제 또한 이거야. 이것은 땀을 조롱하는 것이고, 삶의 윤리와 공동체의 상식에 어긋나는 특권과 반칙이야. "조물주 위에 건물주"라는 우스개 아닌 우스개가 유행하거나 '갓물주'* 라는 말이 널리 쓰이는 것도 이런 씁쓸한 현실을 반영하는 현상이야. 이렇게 보면, 사회경제적 불평등과 불의가 공간상에서 나타나는 것이 곧 젠트리피케이션이라고 할 수 있어.

• '갓(God, 신)'과 '건물주'의 합성어로, 건물주가 마치 신처럼 모든 걸 결정하고 모든 이가 떠받드는 높은 존재라는 뜻.

'좋은' 젠트리피케이션은
있을까?

자, 그렇다면 젠트리피케이션은 무조건 나쁘기만 한 걸까? 혹시 젠트리피케이션에 '좋은' 점은 없을까?

어떤 사람들은 젠트리피케이션이 긍정적 효과를 낳는다고 주장하기도 해. 핵심은, 젠트리피케이션이 지역의 재산가치를 높이고 지역 경제도 활성화시켜서 결국에는 지역 주민에게 이익을 안겨 준다는 거야. 대개 젠트리피케이션이 주거지나 상권을 고급스럽게 바꾼다는 걸 그 근거로 들곤 하지.

이런 주장에 일리가 전혀 없는 건 아니야. 그런데 문제는 젠트리피케이션이 선사하는 이득과 혜택을 누가 어떤 방식으로 누리는가 하는 점이야. 만약 젠트리피케이션 덕분에 지역 주민이나 도시의 시민 대다수가 잘살고 행복해진다면, 또 도시가 건강한 발전을 이룰 수 있다면, 그건 두말할 필요도 없이 좋은 일이겠지. 하지만 여태껏 살펴봤듯이 사실은 그게 아니잖아? 젠트리피케이션을 반길 사람은 건물주, 땅 주인, 부동산 개발업자, 부동산 투기꾼, 건설 대기업 같은 이들뿐이야.

지역 경제가 활성화된다는 주장은 어떨까? 여기에도 문제가 있어. 지역 경제 활성화라는 건 뭘 뜻하는 걸까? 대체로 대형 마트나 큰 건물, 기업 같은 게 많이 들어서고 사람들이 북적거리는 것처럼 겉으로 드러나는 양적인 모습을 가리킬 때가 많아. 하지만 예를 들면, 대형 마트나 프랜차이즈 업소에서 발생하는 이익의 대부분은 이들을 소유한 대기업으로 흘러가기 마련이야. 지역 안에서 돈이 돌아야 그 지역을 살찌우는 데 실질적인 도움이 되는데, 그게 아니라 지역 바깥으로 빠져나간다는 거지. 게다가 이런 곳에서 만들어지는 일자리는 낮은 임금, 불안정한 신분, 고된 노동 등으로 얼룩진 비정규직이 대부분이야.

반면에 지역 경제의 실핏줄 역할을 하는 골목 상권이나 재래시장 등은 큰 타격을 입어. 이런 곳에서 가게를 운영하거나 일하는 사람들 대다수가 지역 주민인 만큼 많은 지역 주민이 오히려 피해를 보는 거지. 더군다나 젠트리피케이션이 일으키는 문화 백화 현상이 지역 경제에 부정적인 영향을 미친다는 점도 꼭 기억해야 할 대목이야.

젠트리피케이션 때문에 상권이 고급스러워지고 부자들이 많이 들어옴으로써 어느 정도는 세금 수입이 늘어나고 지방 재정이 충실해질 순 있어. 하지만 여기서도 이것이 누구의 희생을 대가로 한 것인지, 그렇게 늘어난 세금이 과연 적절하고 현명하게 쓰이는지를 찬찬히 따져 볼 필요가 있어.

젠트리피케이션의 구조나 본질을 살펴보면 '좋은' 젠트리피케이션이란 존재하기 힘들다는 걸 알 수 있어. 부분적이고 일시적으로는 긍정적 효과가 있을 수 있겠지만 전체적이고 장기적으로 볼 때는 그렇지 않아. 물론 예를 들어, 건물주와 세입자가 함께 잘사는 방법을 찾아보자고 할 수도 있어. 이런 노력은 얼마든지 기울일 수 있어. 어느 정도 좋은 성과를 낼 수도 있고. 하지만 이런 경우의 대부분은 건물주가 '착한 마음'으로 자기 이익을 양보했을 때나 일어날 수 있는 일이야. 특수하고 예외적이라는 얘기지. 한데 생각해 봐. 착한 건물주를 만나는 건 한낱 '운'이고 '재수'야. 내 삶을 이런 우연에 맡길 순 없잖아?

한 가지 짚고 넘어갈 것은 젠트리피케이션을 긍정적으로 바라보는 시각의 밑바탕에 깔린 사고방식이야. 이렇게 주장하는 사람들이 있어. 젠트리피케이션은 도시가 성장하는 과정에서 자연스럽게 나타나거나 또는 피할 수 없는 현상이라고. 당장은 젠트리피케이션이 일으키는 문제가 크더라도 길게 보면 경제성장에 이바지할 거라고. 이런 주장을 하는 배경은 성장 지상주의라는 우리 사회의 오랜 고정관념이야. 곧 경제든 도시든 뭐든 성장하는 것이 좋고 바람직하다는 거지.

하지만, 젠트리피케이션을 비롯해 우리 사회가 맞닥뜨리고 있는 대부분의 골치 아픈 문제가 바로 이 성장 지상주의에서 말미암았다는 걸 잊어선 안 돼. 따지고 보면 부동산 불패 신화의 뿌리도 경제성장 신화와 맞닿아 있다고 할 수 있어. 이젠 성장주의를 반성하고 여기서 벗어날 때야. 경제도, 도시도, 부동산도, 우리 삶도, 그리고 이 모든 게 얽혀 있는 젠트리피케이션도 이제는 다른 관점에서 접근해야 해.

자, 얘기를 듣고 보니 그래도 젠트리피케이션에 좋은 점도 좀 있을 줄 알았는데 실망했어? 하지만 젠트리피케이션은 본질적인 속성상 '좋은' 건 없을지라도 막을 수 있는 방법은 있어. 나아가 그런 노력으로 훨씬 더 좋은 도시와 마을을 만들어 나갈 수도 있고. 다음에 할 이야기가 바로 이거야.

5장

젠트리피케이션을 막는
방패들

우리 스스로
건물주가 되자

영국 런던 남부 서더크 자치구의 넌헤드 지역엘 가면 '아이비하우스(THE IVY HOUSE)'라는 이름의 특이한 펍(영국에서 일반 시민이 즐겨 찾는 대중적인 술집)이 있어. 아이비하우스는 1930년대의 전통적인 건축 양식과 공연 무대를 갖추고 있어서 역사적으로나 문화적으로나 높은 가치를 지닌 곳이야. 하지만 2012년께 지역재생이라는 명분으로 개발 사업이 추진되면서 이 지역에도 젠트리피케이션이 발생했어. 그러자 아이비하우스가 있는 건물의 소유주는 개발 바람을 타고 부동산 개발업자에게 그만 이 건물을 팔아 버리고 말았어. 지역 주민들의 자랑거리였던 지역 명소가 사라질 위기에 처한 거지.

이곳 주민들은 가만히 있지 않았어. 80여 명이 자발적으로 모여 지역 공동체 조직을 만들고 대책을 찾아 나선 거야. 이들은 주민들의 뜻을 모아 아이비하우스를 '지역 공동체 가치 자산'으로 등록해 달라고 서더크 지역 의회에 요청했고, 의회는 이를 받아들였어. 아이비하우스가 더욱 널리 알려진 건,

이렇게 해서 영국 최초로 지역 공동체 가치 자산으로 등록된 곳이어서야.

지역 공동체 가치 자산이라니, 이게 뭘까? 영국에서는 중앙정부의 권한을 줄이는 대신 지역의 문제는 지역 스스로 해결할 수 있도록 하는 정책을 추진하고 있어. 이에 따라 영국에서는 21명 이상의 지역 주민이나 자선단체 등으로 이루어진 지역 공동체 조직에 공공이나 민간의 자산을 인수해서 운영할 수 있는 권한을 부여했어. 주택, 마을 가게, 펍, 도서관, 공원, 축구장, 놀이터 등을 비롯해 지역에 필요한 땅이나 건물이 그 대상이야. 그러니까, 지역 전체를 위해 공적인 가치가 있다고 인정되는 부동산 자산을 '지역 공동체 가치 자산'으로 지정할 수 있다는 얘기지.

이것으로 지정되면 용도를 바꾸거나 사고파는 것이 아주 까다로워지고, 주민들이 힘을 합쳐 아예 살 수도 있어. 젠트리피케이션이나 개발 바람 등이 밀어닥쳐도 지역 공동체의 소중한 자산을 지킬 수 있는 거지. 이처럼 영국에서는 공적으로 소중한 가치를 지닌 부동산 자산이라면 비록 소유주라 하더라도 함부로 처분할 수 없도록 하는 법과 제도를 갖추고 있어.

서더크 주민들은 가치 자산 지정에서 멈추지 않고 한

걸음 더 나아갔어. 자금을 모으는 등 다양한 노력을 기울인 끝에 결국은 우리 돈으로 약 14억 원 정도의 가격에 이 펍을 아예 사 버린 거야. 주민 스스로 아이비하우스의 주인이 된 거지. 이렇게 해서 아이비하우스는 오늘날 주민들이 주인인 협동조합 형태의 지역 공동체가 직접 운영하는 영국 최초의 뜻깊은 펍으로 이름을 날리고 있어.

이 사례는 지역 주민들이 직접 부동산을 사들여 젠트리피케이션을 막아 낸 경우야. 건물이나 집을 직접 사서 스스로 '주인'이 되는 것이므로 젠트리피케이션을 막는 가장 안정적이고 확실한 방법이라고 할 수 있어. 한마디로, 내가 건물주가 되었는데 쫓겨날 위험이 없는 건 물론이고 걱정할 게 뭐가 있겠어?

젠트리피케이션을 막는 '방패'는 여러 가지가 있는데 그 가운데 가장 강력한 게 바로 이거야. 딱딱한 말로는 '자산화'라고 해. 말 그대로 뭔가를 우리 자신의 자산으로 만든다는 뜻이지. 주체나 방식은 다양해. 부동산을 사들여서 관리하고 운영하는 주체는 시민일 수도 있고, 정부일 수도 있고, 사회적 가치를 지향하는 기업일 수도 있어. 방식도 그래. 시민이 주도할 수도 있고, 정부 쪽이 주도할 수도 있고, 시민과 정부가 서로 협력해서 공동으로 추진할 수도 있어.

가장 효과적인 것은 시민 주도 방식이

야. 시민 자신이 건물, 주택, 상점 같은 부동산의 주인이 되어 임대료나 월세 등을 스스로 결정하는 거야. 게다가, '시민의 것'이 된 자산에서 발생하는 이익은 지역 사회와 주민 전체를 위해 쓰일 때가 많기 때문에 더욱 좋은 방법이라고 할 수 있어. 그래서 이 방법은 오늘날 젠트리피케이션은 물론 지역 공동체 붕괴나 주거난 등 도시 개발이 일으키는 문제들을 해결할 맞춤한 대안으로 떠오르고 있어. 특히 영국, 프랑스, 독일, 미국 등 서구 여러 나라에서 다양한 시도가 활발하게 이루어지고 있지. 우리나라에서도 몇몇 성공 사례가 나오고 있긴 해. 하지만 외국에 견주면 아직은 움직임이 상당히 미흡한 편이야.

법으로
보호해 주마

젠트리피케이션에 대응하는 또 다른 방식이나 수단으로는 크게 세 가지 정도를 꼽을 수 있어. 첫째는 법, 둘째는 도시계획을 비롯한 도시 관련 정책, 셋째는 정부와 일반 시민의 공동 참여 및 협력이야.

먼저 법부터 살펴볼까? 세입자나 임차인 등을 보호하는 법을 일반적으로 '임대차보호법'이라고 해. 논의의 편의상 여기서도 우리나라보다 훌쩍 앞서가고 있는 영국, 프랑스, 일본 등의 사례부터 먼저 알아보자. 이들은 대개 '정당한 사유'가 없으면 건물주가 세입자와의 재계약을 거절할 수 없도록 법으로 보장하고 있어. 계약을 다시 맺는다는 건 임대가 연장된다는 뜻이잖아? 따라서 이는 건물주가 세입자를 함부로 내쫓는 행위를 법으로 엄격하게 금지하고 있다는 얘기야.

예컨대 영국은 정당한 사유의 요건을 몇 가지로 제한하고, 만약 건물주 사정으로 계약을 갱신°하지 못하게 되면 건물

• 법률 용어로서 갱신은 임대차 계약 같은 어떤 법률관계가 지속되는 기간이 끝났을

주가 세입자에게 높은 액수의 보상금을 지불해야 해. 세입자에게 잘못이 있을 때에는 보상금 없이 내보낼 수 있긴 하지만, 그 잘못을 입증할 책임은 건물주에게 있어. 뿐만 아니라 계약 기간이 정해져 있더라도 원칙적으로는 그 기간이 끝났을 때에도 계약이 곧바로 끝나지 않고, 세입자는 계약 갱신을 요청할 권리를 보장받고 있어.

프랑스는 임대차 기간을 최소한 9년 동안 보장하고 있어. 세입자가 중대한 잘못을 저지르지 않았다면, 예를 들어 임대료를 내지 않거나, 임대한 공간이나 물건을 훼손하거나, 폭력이나 절도 같은 범죄를 저지르지 않았다면 건물주가 세입자를 내보낼 수 없어. 9년의 계약 기간이 끝났을 때 건물의 안전이나 위생에 별다른 문제가 없다면 재계약을 거부하거나 세입자를 내보낼 수 없고, 만약 내보낸다면 높은 액수의 보상금을 지불해야 해. 만약 건물 재건축으로 불가피하게 세입자를 내보낼 수밖에 없을 때에는 어떻게 될까? 건물주는 세입자에게 지금과 비슷한 다른 곳의 상가를 대신 제공하거나 많게는 한 해 매출액의 90퍼센트에 해당하는 보상금을 지불해야 돼. 나

때 그 기간을 연장하는 것을 뜻해. 계약 갱신 청구(요구)권이란 임차인이나 세입자가 원할 경우 임대인에게 계약을 다시 연장할 것을 요구할 수 있는 권리를 말해.

아가 세입자는 재건축으로 건물이 새로 지어지면 그 건물에 우선적으로 입주할 권리를 가지고 있어. 임대료 인상 규정도 깐깐하긴 매한가지야. 건물주가 임대료를 올리려면 건물주가 가게의 가치가 올랐다는 사실을 증명하는 자료를 제출하고 상가 임대차 분쟁조정위원회의 조정과 검증이라는 절차를 거쳐야 하거든.

서구가 아닌 아시아의 이웃나라인 일본은 어떨까? 건물주는 계약 기간을 정했거나 말았거나 간에 정당한 사유 없

이 세입자의 계약 갱신 요구를 거절하지 못해. 만약 거절한다면 세입자에게 높은 액수의 보상금을 지불해야 해. 게다가 이 보상금에는 쫓겨나는 사람의 정신적 고통에 따른 비용도 포함된다고 해. 건물주가 임대료를 올리는 것 또한 쉬운 일이 아니야. 건물에 대해 징수하는 세금이 오르거나 주변 토지와 건물 가격에 변동이 있을 때에만 임대료를 올릴 수 있지. 만약 건물주가 재계약을 거절한다면 그 사유가 정당한지 어떤지를 재판으로 심사받아야 돼.

이들이 이처럼 엄격하게 법으로 세입자를 보호하는 이유는 뭘까? 그것은, 건물은 소유주의 자산이기도 하지만 동시에 세입자들이 열심히 일해서 만들어 낸 자산 가치도 기본권인 재산권 차원에서 보호해야 하기 때문이야. 도시란 것 자체가 그래. 도시는 집, 건물, 토지 등을 소유한 사람들만의 것이 아니잖아? 도시에서 살아가는 모든 이가 함께 참여해 공동으로 만든 것이 도시야. 그러므로 도시에서 살아가는 시민이라면 누구나 도시 공간을 자유롭고 동등하게 사용할 권리를 누릴 수 있어야 하겠지? 도시 사람이 누려야 할 권리에 관한 보다 상세한 이야기는 뒤에서 다시 만나게 될 거야.

우리 갈 길은
멀어도

우리나라의 법은 어떨까? 우리나라에서 상가건물 임대차보호법은 2002년에 처음 제정됐는데, 임대차 계약 기간을 5년으로 정한 게 핵심이었어. 세입자에게 적어도 5년 동안은 쫓겨날 걱정 없이 장사할 권리를 보장했다는 얘기지. 하지만 허점이 많았어. 보증금이 일정 액수가 넘으면 이 규정이 적용되지 않았고, 건물주가 건물을 허물고 재건축을 한다고 하면 세입자는 아무런 보상도 없이 그냥 쫓겨날 수밖에 없었거든.

그 뒤 10여 차례에 걸쳐 세입자, 곧 임차인의 권리를 강화하는 방향으로 조금씩 법 개정이 이루어졌어. 하지만 임차인의 권리가 제대로 보호받지 못하는 상황은 크게 나아지지 못했어. 임대인은 5년만 지나면 별다른 이유 없이 재계약을 거절하면 그만이었어. 임차인은 보상을 받기는커녕 시설을 본래 그대로 복구까지 해 주고서 가게를 비워야만 했지. 그러다 터진 게 궁중족발 사건이야. 물론 그 이전부터도 건물주의 횡포를 비판하고 세입자의 권리를 강화해야 한다는 목소리가 꾸준히 높아지고는 있었지. 그런 사회 여론이 이 사건을 계기로 폭발적으로 터져 나왔어. 그 결과 탄생한 것이 지난 2018년 10월부터 시행되고 있는 새로운 상가건물 임대차보호법이야.

이 법에서 핵심은 임대차 계약 보장 기간을 기존 5년에서 10년으로 늘린 거야. 2018년 1월부터 시행된, 임대료 인상을 1년에 5퍼센트 이하로 제한하는 규정은 그대로 유지됐어. 임차인을 위한 권리금 보호 조항도 이전에 비해 좀 더 강화됐어. 권리금이란, 어떤 가게의 새 임차인이 이전 임차인이 거기서 쌓아 놓은 다양한 영업적 가치(영업을 위해 갖춰 놓은 시설과 늘어난 매출액, 단골손님, 가게의 인지도 등)를 인정하여 이전 임차인에게 지불하는 돈이야. 가게를 운영하는 자영업자 입장에서는 자신이 열심히 일한 결과로 생기는 것이 권리금이므로 이걸 제대로 받는 게 매우 중요해. 한편으로, 이 법에서는 상가 건물 임대차 분쟁을 조정하기 위한 별도의 분쟁조정위원회도 설치하기로 했어.

어때? 그간의 흐름을 살펴보면 이 새로운 법이 이전과 견주면 상당히 많이 개선된 게 사실이야. 솔직히 말해 그동안은 임대인, 곧 부동산 소유주에게 압도적으로 유리했지. 하지만 방금 소개한 외국 사례들과 냉정하게 비교해 봐. 조목조목

따져 볼 필요도 없이 우리는 아직도 임차인의 정당한 권리를 보장하고 이들을 법으로 보호하는 데서 한참이나 뒤떨어져 있음을 쉽게 알 수 있어. 우리와는 달리 앞서가는 나라들은 아주 엄격하고 까다로운 조건 아래서만 임대인이 임차인을 내보낼 수 있을 뿐만 아니라, 이렇게 내보낼 때 거액의 보상금을 별도로 지불해야 한다는 점이 대표적이지.

잊지 말아야 할 게 또 한 가지 있어. 상가건물 임대차보호법은 주로 가게에서 장사를 하거나 조그만 사업체를 운영하는 자영업자에 관한 거야. 이들이 임차인이나 세입자의 절대다수를 이루지. 주목할 것은 우리나라의 자영업자 규모야. 2017년 기준 570만 명으로, 전체 취업자의 약 26퍼센트를 차지하고 있어. 이는 미국의 4배, 일본이나 독일의 2배가 넘는 비율이야. 특히 이 가운데 70퍼센트 이상이 직원을 두지 않고 혼자 일하는 영세 자영업자야.

이렇게나 많은 자영업자들이 요즘 아주 고달파. 업종마다 숫자 자체가 너무 많아 과잉 경쟁이 벌어지고 있어서야. 게다가, 오랫동안 나라 전체의 경제 사정이 나아지지 않고 소비 시장 자체가 바짝 얼어붙어 있어. 경쟁은 치열한데 사람들이 돈은 잘 쓰지 않으니 장사하기가 너무 힘들겠지? 여기에다 대기업들이 장소를 가리지 않고 프랜차이즈 업소나 대형 마트 등을 공격적으로 확장하는 바람에 골목 상권과 재래시장도 큰 타격을 받고 있어. 이 모두 자영업자들을 더욱 궁지로 몰아넣는 요인들이지. 그 결과 자영업자들이 사업을 시작한 뒤 살아남는 비율이 아주 낮아. 최근 통계에 따르면 1년 뒤 생존율은 83.8퍼센트지만 3년 뒤는 40.5퍼센트로, 5년 뒤에는 29.6퍼센트까지 급격히 떨어져. 자영업자 10명 가운데 7명이 5년을 버티지 못하고 망한다는 거지.

여기서 우리는 다시금 확인할 수 있어. 이들을 보호하는 것은 단지 이들만을 위해서가 아니라 나라 경제와 우리 사회 전체를 위해서도 긴요한 일이라는 사실을 말이야. 나라 전체 인구의 상당수를 차지하는 사람들이 고통과 불안에 시달리며 제대로 먹고살 수 없다면 그 나라를 좋은 나라라고 할 순 없겠지?

결국, 젠트리피케이션을 막는 것은 단순히 특정 약자집단을 보호하는 차원을 넘어 공동체 전체를 살리는 길이기도 해. 부동산 중심으로 돌아가는 왜곡된 경제 구조를 바로잡는 데에도 꼭 필요한 일이고. 여러 선진 외국이 젠트리피케이션에 맞서 강력하고도 다양한 조치를 취하는 중요한 이유 가운데 하나가 이거야. 우리는 아직도 갈 길이 멀어.•

• 지금 살펴본 것은 상가 건물에 관한 임대차보호법이야. 그럼 주택은 어떨까? 자기 집을 장만하지 못해 전세나 월세로 살아가는 사람이 아주 많은 현실에서 이 또한 중요한 문제야. 현재 주택 임대차보호법은 거주 계약 기간을 2년 동안만 보장하고 있어. 그런데, 이 기간이 끝나 집주인, 곧 주택 임대인이 전세나 월세로 살고 있는 임차인과 계약을 연장할 경우 전세금이나 월세 인상과 관련된 제한이 전혀 없어. 물론 보장된 2년의 계약 기간 중에는 1년에 인상률 5퍼센트를 넘어설 수 없다는 한도가 있어. 그러니까, 집주인이 계약 2년 뒤 전세금이나 월세를 턱없이 높이 올려도 임차인이 이를 감당할 수 없으면 그대로 집을 비우고 나가야 하는 거야. 우리나라는 가게든 집이든 임차인 보호가 부실하기는 마찬가지야. 부동산 계급 사회의 서글픈 풍경이지.

지역을
다시 살리자?

법 이야기를 비교적 상세히 한 것은 어떤 문제를 제도
차원에서 포괄적으로 해결할 수 있는 방안이 법이어서야. 자
산화는 그 자체로서는 가장 강력하고 확실한 젠트리피케이션
대응책이야. 그렇지만 대개는 개별적이거나 특정 지역에 국한
해서 진행될 때가 많아. 이에 견주어 법은 그 법이 시행되는 사
회 전체에서 강제적 효력을 발휘한다는 커다란 장점이 있지.

이제 두 번째로 알아볼 것은 도시계획 등과 같은 도시
정책이야. 여기선 프랑스 파리 사례를 살펴보자. 파리시는 지
난 2006년에 도시계획을 세우는 과정에서 젠트리피케이션을
막으려고 특정한 거리를 '보호 상업가로'로 지정해 관리하는
조치를 취했어. 이 가로에서 소매업과 수공업 등에 종사하는
영세 자영업자들을 보호하기 위해서였지. 주로 건물 낮은 층
에 상권이 형성됐거나 소규모 상점들이 문을 닫기 시작한 곳들
이 대상이었어. 파리 시내 전체 도로의 16퍼센트에 이르는 3만
여 개의 상업시설이 여기에 포함됐어. 덕분에 카페, 레스토랑,

빵집, 반찬가게 등을 운영하는 이곳 상점들의 수많은 임차인은 건물주의 횡포로 쫓겨나는 일을 당하지 않게 됐지.

보호 상업가로로 지정되면 이 거리의 건물 1층에 들어온 작은 가게들이나 수공업 시설은 다른 용도로 바꿀 수 없어. 또 보호 상업가로에 비어 있거나 팔려고 내놓은 건물이 있으면 이것을 파리시가 사들여 수리한 뒤 지역의 영세 자영업자나 수공업자들에게 싼 가격으로 빌려주기도 했어. 건물주의 권한을 제한하고 지역 공동체와 공공의 가치를 위한 일을 우선시한 거야. 이런 노력으로 거리가 활성화된 것은 물론 도시 전체의 활력을 높이는 데에도 톡톡한 도움이 됐어. 도시 정책의 위력과 효과를 잘 보여 주는 대목이지.

그런데 우리나라에서는 도시를 살리자고 펼치는 정책이 되레 그 반대 결과를 낳는 일이 적잖아. 도시재생 정책이 대표적이야. 지역재생이라고도 하지. 말 그대로 이는 도시나 지역을 다시 살리는 걸 말해. 대체로 인구가 줄어들거나, 제조업 쇠퇴로 공장 같은 산업시설이 다른 데로 떠나거나, 세월이 흘러 주거환경이 노후해지거나 해서 점차 쇠락하는 곳을 새롭게 활성화시키는 걸 가리킬 때가 많아. 이것의 목적과 뜻은 나무랄 데가 없어. 재개발이나 뉴타운 사업처럼 말도 많고 탈도 많은 기존 도시 개발 정책의 대안으로 추진된 것인 데다, 실제로 여러 곳에서 의미 있는 성과를 거두기도 했어.

하지만 도시재생의 성공 사례로 꼽히는 곳 가운데 다수는 젠트리피케이션이 기승을 부리는 결과를 낳은 것도 사실이야. 앞에서 젠트리피케이션 발생 지역으로 언급한 서울의 서촌과 가로수길, 전주 한옥마을 등이 모두 그랬어. 이 밖에도 지역재생을 추진했음에도 결국에는 주거지가 상업지역이나 관광지처럼 변한 경우를 전국 곳곳에서 찾아볼 수 있어.

왜 이렇게 됐을까? 지역재생을 추진한 여러 곳에서 거의 공통적으로 드러난 문제들이 있어. 짧은 기간에 눈에 보이는 성과를 거두려 하거나, 지역의 특성과 여건을 고려하지 않은 채 획일적인 틀에 맞추어 사업을 추진하거나, 지역 주민들과 함께하기보다는 관 주도로 예산부터 투입하거나 하는 것이 그런 문제들이야. 이래 가지고선 진정한 지역재생에 성공하기 어려워. 지역의 개성과 정체성, 주민 생활과 문화의 다양성, 그곳에서 오랜 세월 쌓여 온 역사와 삶의 무늬 같은 것들이 살아나야 제대로 된 도시와 지역재생을 기대할 수 있어. 사람과 함께하는 시간과 장소의 중요성을 가볍게 여기는 게 큰 문제야.

사진 찍기 좋은 곳. 나들이나 데이트하기 좋은 곳. 한 번

쯤 가 보고 싶은 곳. 이런 곳이 진짜로 '살기 좋은 곳'은 아니잖아? 지금의 도시나 지역재생은 애초의 좋은 의도와는 달리 이런 곳을 만드는 일에 치중할 때가 많아.

시민과
정부가 함께

　이제 세 번째로 알아볼 것은 정부와 시민의 공동 협력이야. 좀 어려운 말로 '민관 협치(民官協治)'라 부르기도 해.

　이에 걸맞은 사례로는 미국 뉴욕시의 여러 자치구에서 운영하는 '커뮤니티 보드(Community Board)'라는 걸 꼽을 수 있어. 우리말로는 '지역 공동체 위원회' 정도로 옮길 수 있는 이것은 시 공무원과 일반 시민이 함께 참여해 만든 조직이야. 구성원이 많으면 50명쯤 돼. 하는 일은 토지 이용, 도시계획, 건축물에 대한 인허가, 공공 서비스 업무 등과 같이 지역 사회와 주민들에게 큰 영향을 미치는 일들을 자문하고 심의하는 거야. 여기서 결정한 사항을 반드시 따라야 할 법적인 의무는 없어. 하지만 대체로 정책 결정에 반영된다고 해.

　이것의 가장 중요한 특징은 도시나 지역의 정책 결정 과정에 민주적인 주민 참여를 보장한다는 점이야. 시 정부가 주도한 파리의 '보호 상업가로'와 다른 점이 이것이지. 이런 방식은 다수 주민의 뜻에 따라 정책을 펼치는 것이어서 정책의 정당성과 효율성, 정책에 대한 주민 호응도 등을 높이는 데 큰 도움이 돼.

우리나라에서 주목을 모으는 대표적인 곳은 서울 성동구야. 성동구는 젠트리피케이션을 막기 위한 노력을 열심히 펼치는 것으로 유명해. 지역 안에서 젠트리피케이션 현상이 나타날 조짐이 보이자 적극적이고도 발 빠르게 대응했지. 이때 앞세운 것이 민관 협치야.

성동구는 주민들이 참여하는 '상호협력주민협의체'라는 기구를 만들어 운영했어. 상가 세입자의 권리 보호와 지역의 지속가능한 발전 방안 등에 관해 구와 협의하고 자문하는 일을 맡았지. 2015년 10월부터 시범구역을 정하고 건물주와 상가 세입자 사이에 '상생 협약'을 추진한 것도 중요한 성과야. 구청이 중재 역할을 맡아 지역 내 건물주와 임대인들을 설득해 임대료 인상을 자제하고 세입자 등과 함께 잘살자는 데 합의하는 협약을 맺은 거야. 시범구역 전체 건물주의 60퍼센트 이상이 이 협약에 참여했어. 그 결과 참여 건물은 물론이고 지역 전체의 임대료 인상률도 상당히 낮추는 성과를 거뒀지.

성동구는 이 밖에 도시계획을 활용하기도 하고 자산화를 추진하기도 했어. 도시계획으로는 앞에서 설명한 문화 백화 현상을 일으킬 우려가 높은 대형 마트, 대기업 프랜차이즈 업체, 유흥업소 등의 지역 내 진입을 적극적으로 규제했어. 자산화 정책의 산물은 '공공 안심상가'야. 이 지역에 들어서는 대형 민간 건물에 대해 구청에서 층수를 더 높여 주는 것과 같은 혜택을 주면 이 건물을 소유한 기업이나 개인은 그만큼 더 큰 수익을 올릴 수 있어. 대신에 성동구에서는 그 건물의 일부 공간을 구 소유로 넘겨받은 뒤, 이를 다시 영세 자영업자나 업체들에게 낮은 가격으로 임대하는 거야. 이들이 안정적으로 일할 수 있도록 해 주는 거지. 이런 식으로 만들어지는 상업 공간이 공공 안심상가야. 건물주와 임차인 모두에게 이득이 된다는 게 이 방법의 장점이지.

특이하게도 성동구는 이런 여러 정책 구상과 전략을 조례(지방자치단체가 법령의 범위 안에서 자기 지방의 일에 관하여 제정하는 법규. 보통 지방의회의 의결을 거친다)로 집대성하여 규정했어. 지난 2015년 우리나라 지방자치단체 가운데 처음으로 젠트리피케이션을 막기 위한 조례가 성동구에서 제정된 거야. 이는 다양한 젠트리피케이션 대책을 체계적이고 종합적인 법과 제도로 못 박았다는 점에서 그 의미가 자못 크다고 할 수 있어.

그렇다면 이렇게 성공을 거둔 것처럼 보이는 성동구 사

례를 어떻게 봐야 할까? 젠트리피케이션을 막아 낸 대표적인 모범 사례라는 칭찬도 높지만, 비판의 목소리도 만만찮게 나오고 있는 게 사실이야. 이를테면 상생 협약의 한계를 이렇게 지적하는 사람들이 있어. 법적 효력이 없는 자율적 협약인 탓에 임대인에게 참여를 강제할 수 없고, 또 참여는 했지만 나중에 이를 어겨도 마땅히 제재할 방법이 없다고 말이야. 건물 소유주가 바뀌면 협약 체결이 쉽게 '없던 일'이 되어 버리는 것도 문제야. 그래서 상생 협약은 보여 주기 식 전시 행정으로 변질

될 위험을 안고 있다는 비판이 제기되곤 해.

공공 안심상가에 대해선, 어차피 모든 건물을 안심상가로 만들 순 없기에 근본적 한계가 있는 데다, 심사에서 뽑힌 몇몇 업체만 특정 건물에 들어갈 수 있으므로 안심상가의 혜택을 받을 수 있는 사람이 너무 소수라는 지적이 나오고 있어. 관이 주도하는 것이어서 주민 참여에 한계가 있다는 이야기도 나오는 게 사실이고.

종합적으로 볼 때 성동구 사례는 의미 있는 메시지와 자극을 제공해. 하지만 젠트리피케이션 문제를 해결할 수 있는 근본적인 힘과 틀을 만들어 내지는 못했다고 할 수 있어. 그래서 성동구가 거둔 성과는 그것대로 높이 평가하되, 우리가 귀를 더 기울여야 하는 건 비판의 목소리가 아닐까 싶어. 그 정도 대응으로 젠트리피케이션이 일으키는 폐해를 온전히 막아 내기는 어렵고, 지금 이 순간에도 전국 곳곳에서 맹렬하게 젠트리피케이션이 진행되고 있어서야.

구조와 본질에 주목하기

지금까지 젠트리피케이션의 해결 방안을 외국 사례와 우리 현실을 비교해 가면서 알아보았어. 자산화, 법, 도시 정책, 민관 공동 협력 등이 주요 내용이었지. 명심할 것은, 이런 구체적인 노력을 기울일 때라도 젠트리피케이션이 벌어지는 현실의 바탕에 깔린 '구조'와 '본질'을 늘 직시해야 한다는 점이야.

가령, 상가건물 임대차보호법을 한번 살펴볼까? 이 법은 본질적으로 건물의 소유와 임대차를 둘러싼 법적 관계만을 다루고 있어. 그래서 의도했든 아니든 건물 소유주와 임차인 사이의 개인적이고 사적인 계약 관계로 문제를 축소하는 결과를 낳기 쉬워. 하지만 상가 임대차 분쟁은 단순히 건물주와 임차인 사이의 서로 다른 처지나 이해관계에서 비롯된 사적 갈등에서 끝나는 게 아니야. '나쁜 건물주'와 '재수 없는 세입자' 사이에 벌어지는 특수하고 우연한 사건도 아니고.

자, 앞에서 우리 사회는 자영업자가 지나치게 많다고 했잖아? 이렇게 된 것은 안정적인 취업과 고용을 보장하지 못하는 우리 경제의 취약한 토대와 왜곡된 노동 시장이라는 구조적인 요인 탓이 커. 실제로, 수많은 사람이 취직이 불가능해서, 또는 무슨 이유로든 직장을 그만둔 뒤 철저한 준비나 충분한 자금 없이 단지 당장의 생계유지를 위해 할 수 없이 자영업으로 진출하고 있어. 이른 나이에 직장에서 밀려나거나 퇴직한 사람들이 대거 치킨집, 편의점, 식당 등의 창업에 나서는 현실이 이를 반영하지.

우리 사회에 존재하는 임차인이나 세입자의 절대다수를 이루는 건 이런 식으로 쏟아져 나오는 수많은 자영업자야. 결국, 이런 사람들이 끊임없이 대량으로 공급되는 덕분에 건물주는 가만히 앉아서도 큰돈을 벌어들일 수 있는 거야. 잘못된 경제 구조 탓에 대다수 서민은 극심한 고통에 시달리는 반면 소수의 부동산 부자들은 손쉽게 큰 수익을 챙기는 거지. 임대차 분쟁의 뿌리에는 이런 근본적이고 구조적인 문제가 깔려 있어.

부동산 계급 사회와 부동산 불패 신화는 어떨까? 이것도 마찬가지야. 우리나라에서 부동산 계급 사회가 뿌리내리게 된 커다란 이유 가운데 하나는 정부가 오랫동안 부동산 경기 활성화로 경제성장을 꾀하는 정책을 펼쳐 온 데 있어. 부동산을 바탕으로 하는 온갖 개발과 건설 사업으로 경제성장을 도모해 왔다는 얘기지. 실제로 우리나라는 건설업이 경제 전체에서 차지하는 비중이 다른 나라들에 견주어 비정상적으로 높아. 건설 중심의 경제 시스템과 개발 우선주의 정책이 부동산과 긴밀하게 맞물려 돌아가는 것이 우리나라 경제의 아주 중요한 특징이야. 경제 구조와 정부 정책 자체가 부동산 문제를 일으키고, 결국은 젠트리피케이션을 조장해 온 셈이지.

상가 건물에 들어선 가게들은 수많은 세입자에게 자신과 가족의 생계가 달린 소중한 일터이자 삶터야. 우리 사회는 이런 곳을 단순히 시세차익과 불로소득을 안겨 주는 '자산'으로만 취급하고, 그와 같은 방식으로 경제를 살찌워 왔어. 사회경제 시스템의 이런 구조적 특성을 주목하는 게 중요해.

문화와 사람들 의식도 '구조'의 관점에서 들여다볼 필요가 있어. 부동산 투기를 마치 현명한 재테크의 지름길인 것처럼 여기는 사회문화적 풍토가 오랫동안 우리 사회를 짓누르고 있으니 말이야. 구조에는 '물질적인 것'뿐만 아니라 이런 사회적 심리와 정서도 포함되거든.

도시는 어떻게 봐야 할까? 앞에서 얘기했듯이, 젠트리피케이션은 도시 공간의 형성이나 재편이 권력과 자원을 많이 가진 이에게 가능한 한 큰 이익을 안겨 주는 방향으로 이루어지는 탓에 발생해. 개발 이익의 대부분을 건설 대기업, 부동산 투기 세력, 부동산 소유주 등이 차지하게 된 건 그 당연한 결과야. 그러니 젠트리피케이션을 막으려면 이런 구조적인 '힘의 불균형'을 바로잡아야겠지? 부동산을 중심으로 단단하게 굳어져 있는 기존의 오랜 도시 기득권 구조를 깨뜨리는 일이 중요한 이유가 여기에 있어. 도시 기득권 구조는 곧 부동산 기득권 구조와 같아.

눈앞에 닥친 당면 과제들을 해결하는 건 두말할 나위도

없이 아주 중요한 일이야. 하지만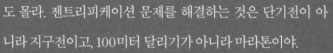
동시에 그 당면 과제를 둘러싼 현
실의 뿌리를 직시하면서 긴 안목으로
근본적인 문제 해결을 위한 노력을 게
을리 해서는 안 돼. 어쩌면, 이처럼 본질
을 정확하게 겨냥해야 그만큼 '지금 여
기'의 문제 해결도 더 쉬워지고 빨라질지
도 몰라. 젠트리피케이션 문제를 해결하는 것은 단기전이 아
니라 지구전이고, 100미터 달리기가 아니라 마라톤이야.

6장

장소, 소유, 도시의
참뜻을 찾아서

사라진
내 고향 마을

　나는 오래전에 부산 변두리의 어느 조그만 마을을 헤집고 다니면서 마구 사진을 찍어 댄 적이 있어. 곳곳에 빈집과 부서진 집들이 널린 탓에 황량한 분위기를 물씬 풍기고 있었지. 그런 마을에 두세 사람이 나란히 걸어가기도 쉽지 않은 좁은 골목길들이 미로처럼 복잡하게 뒤얽혀 있었어. 나는 그런 골목길들을 능숙하게 헤집고 다니면서 길, 집, 가게, 빈터 등은 물론 전봇대에 덕지덕지 붙은 광고지와 담벼락에 아무렇게나 휘갈겨진 낙서마저 카메라에 꼼꼼히 담았어.

　보잘것없는 풍경으로 가득한 그 사진들을 남들이 보면 아마도 고개를 갸우뚱하겠지. '뭘 이런 것까지 사진을 다 찍고 그래' 하면서 말이야. 하지만 나에겐 달라. 그 모든 사진 한 장 한 장마다 내 나름의 기억과 사연들이 오롯이 담겨 있으니까 말이야. 이제 감이 오지? 맞아, 그곳은 내 고향 마을이야. 내가 태어나 자란 고향집이 있는 곳. 거기서 서울로 대학 오기 전까지 국민학교(지금의 초등학교), 중학교, 고등학교를 모두 다녔으니, 내 어릴 적 기억이 거의 통째로 담긴 곳이라고 할 수 있지.

그런데 지금은 그 정든 집과 마을이 흔적도 없이 깡그리 사라지고 말았어. 왜냐고? 재개발 때문이야. 대규모 재개발 사업은 내 고향 마을도 피해 가지 않았어. 그 마을은 부산에서 가장 큰 산인 금정산 자락이 이어진 경사진 지역에 자리 잡은 허름하고 조용한 곳이었어. 그런 마을에 언젠가부터 개발 바람이 불어닥치기 시작했어. 먼저 마을 둘레를 에워싼 큰길을 따라 크고 작은 건물들이 들어서기 시작했지. 특히 마을에서 걸어가면 10분 정도 걸리는 곳에 지하철역이 들어서면서 개발 바람은 날개를 달았어. 들썩들썩 동네 집값이 오르고 땅값이 치솟기 시작했지.

그러다 급기야는 아예 마을 전체를 하나의 구역으로 묶어 재개발 사업을 추진하자는 쪽으로 분위기가 확 기울고 말았어. 낡고 후진 마을을 싹 밀어 버리고 깔끔하게 대규모 아파트 단지를 만들자는 거지. 초기엔 쫓겨나야 하는 세입자들을 중심으로 재개발을 반대하는 주민도 꽤 있었어. 하지만 거세게 휘몰아치는 개발 광풍과 돈바람을 막아 내기는 어려웠지. 고백건대, 우리 집안은 크진 않지만 집과 땅을 가지고 있었기에 재개발 사업 추진으로 얼마간의 경제적 혜택을 받기도 했

어. 그렇지만 나는

마음이 편치 않았어. 아쉬움과

허전함, 상실감이 아주 컸거든. 내가 어른이 되기까지 20년 세

월이 갈피갈피 새겨진 고향집과 고향 마을이 이제 영원히 사

라져 버린다는 게 영 믿기지도 않았고.

　　내가 그 마을에 사진을 찍으러 갔던 것은 집들이 막 철

거되기 시작할 무렵이었어. 본래 모습이 남아 있는 그때를 놓

치면, 고향집과 마을에 얽힌 갖가지 기억과 추억을 어디에서

도 확인할 길이 없어져 버리니까 말이야.

　　가장 크고 깊은 아쉬움을 남긴 건 고향집이야. 그곳엔

자연이 있었어. 텃밭에는 갖가지 채소를

길렀고, 뜰 구석구석에 몇 그루씩 서

있던 감나무, 무화과나무, 앵두나무, 석

류나무, 모과나무에서는 철따라 탐

스러운 열매들이 열렸지. 돌담 울타리는 자못 멋졌고, 계절과 상관없이 맑고 시원한 물을 길 수 있는 우물도 있었어. 꽃들이 탐스럽게 피고 졌고, 새와 벌레도 지천이었어. 가끔 소나기가 지나간 뒤 뜨는 무지개를 보는 건 또 얼마나 황홀했던지.

허전하기로는 사방팔방으로 얽혀 있던 마을 골목길도 만만치 않아. 컴퓨터나 핸드폰 같은 건 상상도 할 수 없고 학원도 없던 그 시절, 동네 골목길은 그야말로 꼬마들의 유일한 놀이터였어. 어른들에게도 마찬가지야. 마을의 실핏줄인 골목길에서 사람들은 만나고 어울렸어. 이웃 사이에 우정과 도움을 나누는 곳도, 싸움과 갈등이 벌어지는 곳도 거기야. 온갖 물자와 정보와 소문은 또 얼마나 바삐 돌아다니는지. 한마디로 생동하는 삶의 현장이자 분주한 장터가 골목길이었어.

그랬던 고향 마을이 이젠 완전히 사라지고 말았어. 그저 하늘 높이 쭉쭉 치솟은 똑같은 사각형 모양의 아파트만 즐비할 뿐. 돌이켜 보면 재개발 사업은 집과 마을과 골목길만 없앤 게 아니야. 수많은 사람의 기억도 앗아 갔지. 나아가 그 기억에 얽힌 '시간'과 '역사'까지도.

이게 뜻하는 바가 뭘까? 그건 그 시간과 역사를 통해 이루어진 어떤 사람의 정체성이 사라진다는 말과 다르지 않아. 지금의 나를 있게 한 것이 지금까지 내가 걸어온 길이고, 그 길은 오랜 시간과 역사의 흐름 속에서 만들어졌기 때문이지. 그건 나 한 사람뿐만 아니라 사회 전체에도 그대로 적용될 수 있어. 자기의 역사, 자기가 걸어온 시간을 기억하지 못하는 나라나 민족을 제대로 된 나라나 민족이라고 보기는 어려우니까 말이야.

자기의 정체성을 이루는 기억은 그러므로 그 사람의 '뿌리'라고 할 수 있겠지. 기억이 사라진다는 건 삶의 뿌리가 뽑힌다는 것과 비슷할 거야. 또한 기억의 장소가 없어지는 것은 지금의 삶과 공동체를 있게 해 준 원초적인 토대가 허물어지는 것과 그리 다르지 않아.

'장소'를
되찾자

'장소'가 중요한 이유가 여기에 있어. 미국의 농부이자 사상가인 리 호이나키는 한 장소에 밀착하여 그 장소와 긴밀한 접촉을 이어 가면서 그곳에 뿌리내리고 사는 삶이 얼마나 중요한지를 각별히 강조한 사람이야. 안정된 대학교수 자리를 내던지고 시골로 들어간 그는, 한 장소에 뿌리내리고 사는 삶을 "끊임없는 경이로움의 순간이 계속되고 미처 생각하지 못한 풍요로움을 얻을 수 있는 삶"이라고 노래했어. 그는 이렇게도 말했어. "만일 좋은 세계가 있다면 그것은 한 장소에 뿌리박고 사는 사람들로 이루어진 세계일 것이다."

요즘 사람들에게 이런 '장소'가 있을까? 대다수가 장소에 대한 소속감도 일체감도 갖지 못하는 게 현실이야. 어디 한 곳에 깊이 뿌리내리지 못하고 정처 없이 떠다니는 게 수많은 도시 사람이 살아가는 방식이잖아? 이웃과 마을과 지역 공동체에 친근하게 녹아들지 못한 채 저마다 고립되어 살아가는 거지. 서로 기대고 어우러지면서 '더불어 숲'을 이루지 못하고 허허벌판에 덩그러니 홀로 서 있는 나무의 모습이랄까? 그러니 숲이 이루는 전체 모습이 어떤지, 그 안쪽을 채우는 오솔길이 어떻게 만나 헤어지고 엇갈리는지 많이들 놓치는 것 같아. 그 길이 사람과 얼마나 풍성하게 관계 맺는지 알 수 있다면 좋으련만.

꼭 기억해야 할 것은 장소(place)와 공간(space)은 서로 다르다는 사실이야. 지금까지 장소와 공간이라는 말이 자주 등장했는데, 여기서 이 두 가지의 정확한 의미를 짚어 보자. 둘의 구분은 젠트리피케이션 논의에서도 중요한 대목이야.

공간은 단지 일정한 물리적 크기를 지닌 곳을 객관적으로 일컫는 말이야. 이에 비해 장소는 그 가운데서도 '특별한' 어떤 곳으로서, 주관적 성격을 강하게 띠고 있어. 앞의 고향 마을 이야기가 내비치듯 장소에는 개인과 집단의 이야기가 녹아 있어. 개인의 일상이, 사연이, 인연이 저장되어 있고 넓게는 사회의 문화와 역사가 축적되어 있는 곳이 장소라는 얘기지. 그러므로 공간이 '물리적' 세계라면 장소는 '인문적' 세계라고 할 수 있어. 일시적인 편리나 안락을 추구하는 곳이 공간이라면 자기 정체성과 삶의 의미를 쌓아 올리는 곳이 장소야.

장소는 곧 '삶의 자리'이기도 해. 사람은 장소 없이 살

수 없어. 조금 심하게 얘기하면 장소를 통해서만 인간은 존엄해질 수 있다고 해도 과언이 아니지. 리 호이나키가 강조한 장소가 바로 이런 곳이야. 겉으로는 화려하지만 돈과 탐욕으로 얼룩져 창백하기만 한 집과 땅에도 이런 장소의 가치와 의미를 되찾아 주고 싶어. 개발자와 투기꾼의 개인 재산도, 부를 쌓고 신분을 과시하기 위한 수단도 아닌, 그 집과 땅에서 살아가는 온전한 거주자의 것으로 말이야.

미국의 경제학자이자 사회운동가인 헨리 조지는 토지 공유제를 주장한 사람으로 유명해. 그는, 사회가 눈부시게 발전하는데도 극심한 가난이 사라지지 않는 이유가 토지를 사유화하고 땅 주인이 거기서 발생하는 지대(임대료, 월세처럼 부동산에서 발생하는 불로소득)를 독차지하기 때문이라고 주장했어. 자연이 선사한 토지로 사적 이익을 추구하는 걸 허용하는 제도는 정의롭지 않다는 게 그의 신념이었지. 그래서 그는 모든 지대를 세금으로 거두어 사회복지 같은 데 써야 한다고 주장했어. 그는 대표작《진보와 빈곤》에서 이렇게 말했어. "가장 비참하고 가장 무기력하고 가장 절망적인 상태의 인간을 보려면, 한 뼘의 땅만 소유해도 큰 재산이 되는 대도시에 가면 된다. 땅값은 추위에 떠는 사람에게서 온기를, 배고픈 사람에게서 음식을, 병자에게서 약품을, 불안한 사람에게서 평온을 빼앗는다."

헨리 조지의 주장에 전적으로 동의하지 않을 순 있어. 하지만 땅값, 임대료, 월세 같은 지대가 수많은 사람을 가장 비참하고 무기력하고 절망적인 나락으로 빠뜨린다는 그의 통렬한 지적은 깊이 새겨야 하지 않을까? 궁중족발 사건의 김 씨나 용산참사 희생자들을 떠올려 봐. 집과 땅이 온전히 장소의 본래 의미를 되찾는다면 젠트리피케이션도 설 자리를 잃지 않을까?

사유 재산권을
넘어

젠트리피케이션은 소유에 관한 우리의 고정관념도 바꿀 필요가 있다는 걸 일깨워. 자, 젠트리피케이션은 왜 발생했지?

젠트리피케이션을 일으키는 직접 요인은 개발 이익, 임대료, 월세, 권리금 등이었잖아? 모두 토지와 깊은 관계를 맺고 있는 것들이지. 토지 위에 건물을 짓고 운용함으로써 발생하는 불로소득의 다양한 형태가 이것들이야. 그런데, 토지는 처음에 어떻게 생겨났지? 애당초 인간이 창조한 게 아니잖아? 토지는 본래부터 자연에 존재하던 거야. 자연의 선물이야. 그리고 토지의 가치는 소유주가 만들어 낸 게 아니라 사회적이고 공동체적인 산물이야. 즉, 토지(와 그 위에 세워진 건물)를 사용하거나 그 토지에 사는 사람들의 다양한 활동과 노력의 결과로 만들어지는 게 토지의 가치란 얘기지. 헨리 조지가 토지 공유화를 주장한 이유도 여기에 있어.

이런 관점에서 보면, 지대라는 이름의 불로소득을 챙기

려고 하는 건 도시와 지역 공동체, 그리고 여기에 속한 수많은 사람이 함께 만들어 낸 가치를 부동산 소유주가 가로채는 짓이나 다름없다고 할 수 있어. 그러니까 어떤 측면에서는 개인의 사적 소유권을 지나치게 숭배하는 탓에 젠트리피케이션이 발생한다고 볼 수 있는 거야. 사실은 토지뿐만 아니라 공기, 물, 지하자원 등도 마찬가지야. 이 모두 인간이 만들어 낸 게 아니잖아? 그렇지만 인간이 살아가는 데 없어서는 안 되는 필수적인 공동 자산이자 공유 자원이라고 할 수 있어. 사유화해도 되는 게 아니라 '자연의 선물'이자 '우리 모두의 것'이라는 얘기지.

　　사유 재산권은 본래부터 고정불변의 절대 진리였을까? 아니야. 전혀 그렇지 않아. 따지고 보면, 사유 재산권을 마치 인류 보편의 절대적 가치인 것처럼 떠받들게 된 것은 그리 오래된 일이 아니야. 최근 200~300년 사이에 세계적으로 자본주의 체제가 뿌리내리고 널리 퍼지면서 굳어지게 되었어. 자본주의가 세상을 더욱 강력하게 지배할수록 사유 재산권은 자유권, 평등권, 생명권 같은 인간 기본권의 하나로 여겨지게 됐지.

　　하지만, 한편으로는 자본주의의 모순과 한계가 깊어지

고 다른 한편으로는 자본주의가 민주주의와 인권 발전의 영향을 받으면서 중요한 변화가 일어났어. 사유 재산, 그러니까 각각의 개별적 이익을 늘리는 것만이 능사가 아니라 공동체 전체를 위한 사회적이고 공적인 이익도 중시해야 한다는 게 그거야. 그래서 형편없이 수준 낮은 독재 국가라면 모를까, 민주 공화국임을 내세우는 대부분의 현대 국가는 사유 재산권을 제한하고 있어. 그만큼 사회 전체를 위한 공공의 이익을 중시한다는 뜻이지. 그리고 사실은 어떤 사회가 민주주의나 정의를 어느 정도나 이루고 있는지도 대체로 공공성을 얼마나 앞세우는지에 달려 있어.

우리나라는 어디쯤 가고 있을까? 안타깝게도 상당히 뒤처져 있어. 가장 근본적으로는 우리 사회가 이른바 '천민자본주의'에 푹 젖어 있는 탓이야. 천민자본주의란 한마디로 천박하고 타락한 자본주의를 일컫는 말이야. 물질을 우상처럼 숭배하는 물신주의가 지배하고, 이기적 탐욕과 적대적 경쟁이 판을 치며, 많은 사람이 부동산 투기와 불로소득 같은 것들에 집착하는 태도 등이 주요 특성이지. 돈이라면 환장하는 사람이 수두룩하고 부와 권력이 극소수에게 집중되는 불평등과 양극화가 깊어지는 건 그 당연한 결과야. (천민자본주의는 우리 사회

를 지나치게 부정적으로 보거나 현실을 비판하려고만 하는 사람들이 억지로 지어낸 말이 아니야. 국가기관인 국립국어원이 만드는 표준국어대사전에도 공식적으로 등재된 낱말이야.)

이런 풍토 아래서 우리 사회에서는 사유 재산을 그 자체로서 절대화하고 신성시하는 풍조가 깊이 뿌리내렸어. 그 재산이 도덕적이든 비도덕적이든, 사회 공동체의 전체 이익을 심각하게 망가뜨리든 말든 상관없이 말이야. 그래서 많은 사람이 사적인 소유와는 다른 개념이나 형태의 소유에 익숙하지 않아.

아무렇게나 세입자를 내쫓는 건물주만이 아니야. 위험한 작업환경 탓에 노동자가 죽든 말든 생산성과 비용 절감만 따지는 기업 경영자, 엄연한 교육기관인 유치원을 오로지 돈벌이 수단이자 개인 재산으로 여기는 유치원 소유자 등이 수두룩한 게 우리 현실이야. 이런 사람들은 안전하게 일할 권리나 제대로 교육받을 권리를 어떻게 받아들일까? 자기들의 '신성한(?)' 사유 재산권을 침해하는 '불온하고도 거추장스러운' 것으로 여기지 않을까? 이런 사람들이 판치는 한 우리 사회는 '인간의 얼굴'이 지워진, 천박하고도 냉혹한 천민자본주의의 수렁에서 빠져나오기 힘들어.

이런 문제의식에서 요즘 새롭게 떠오르는 것이 '공유 경제'나 '공동체 경제'야. 공유란 뭔가를 공동으로 소유하거나 사용하거나 소비하는 거잖아? 각자가 가진 것을 필요한 사람과 서로 나누는 걸 뜻하기도 하고. 당연히 여기에는 공간도 포함돼. 앞에서 살펴본 자산화는 이런 공유 경제를 공간적으로 구현한 것이라고 할 수 있지. 어떤 지역의 건물이나 토지 가치는 그 지역 공동체와 주민들이 함께 만들어 낸 것이므로 그 가치를 공동체 전체가 공유하는 것은 자연스럽고도 정당한 일이야.

공간을 사고파는 상품이나 이익 추구 대상으로만 취급하는 사회는 내남없이 모두가 건물주 되기를 부추기는 사회라고 해도 지나친 말이 아니야. 그리되면 모두가 동등하게 누려야 할 공유 가치는 누군가의 사적인 독점물이 될 수밖에 없어. 이는 곧 공동체의 기반과 사회적 지속가능성이 허물어진다는 뜻이야.

사유 재산권보다 더 중요한 어떤 특별하고도 중요한 가치가 있다는 걸 깨닫자. 그리고 그걸 받아들이자. 함께 만든 가치는 함께 공유하는 게 옳지 않겠어? 사회 공동체가 함께 생산한 부와 자원은 사회 구성원 모두가 평등하고 공정하게 누려야 하지 않겠어? 장소에 뿌리를 내린 사람들이 함께 일구어 가는 민주적이고 정의로운 경제. 튼튼한 민주주의의 토대 위에서 자치와 자율, 연대와 공생의 원리로 움직이는 공동체 사회. 이것이 젠트리피케이션의 궁극적 해법이야.

내가 꿈꾸는
도시

'장소'가 가장 빠르게, 그리고 가장 대규모로 사라지는 곳은 두말할 나위도 없이 도시야. 젠트리피케이션은 그 돌격대라고 할 수 있겠지. 도시 곳곳에 스며들어 있는 삶의 이야기, 역사와 문화의 숨결, 시간의 기억과 경험을 끊임없이 없애고 해체해 온 것이 그동안 도시가 걸어온 길이야. 그 결과 우리 도시는 어딜 가든 획일적으로 상품화되고 갖가지 '성형수술'로 뒤틀린 '가짜' 장소가 넘쳐 나는 곳이 되고 말았어. 도시의 '껍데기'는 눈부시게 거대해지고 화려해졌어. 하지만 물어보자. 그 속에서 살아가는 사람들의 삶도 그에 비례해서 나아졌을까? 그만큼 행복해졌을까?

궁중족발 사건의 건물주는 폭행 사건이 일어난 뒤에 페이스북에 이런 글을 올렸어. "쓰레기들이 탄원서 내서 그(폭행을 저지른 김 씨)를 선처하라는데, 이 인간들은 인간이기를 포기한 그저 악마들이다. 가난이 정의라고 사기 치는 악마일 뿐이다. … 시세차익 다다익선! 나는 합법적이다." 건물주는 합법의 그늘 아래서 쫓겨난 자를 향해 '인간이기를 포기한 악마'라고 저주를 퍼붓고 있어. 그러면서 시세차익은 많을수록 좋다고 소리 지르기까지 해.

그럼, 폭행 사건으로 구속된 김 씨의 가족들은 어떻게 살고 있을까? 김 씨의 아내는 생계가 막막한 가운데서도 세입자 보호를 강화하는 법을 만드는 데 힘을 보태려고 한동안 언론 인터뷰, 국회 증언 등을 하느라 바쁘게 돌아다녔어. 하지만 새로운 법이 만들어져도 자신들에게 돌아올 이득은 아무것도 없었어. 어느 기자가 얻을 것도 없는데 왜 그리 열심히 돌아다니느냐고 묻자 그는 이렇게 답했어. "우리 족발집 사건으로 사람들 관심이 바짝 높아졌을 때 서둘러 세입자 보호법을 제대로 만들어 놔야지 그러지 않으면 또 그냥 묻히고 말 거예요. 그러면 안 되잖아요?"

건물주는 저주를 쏟아 내며 '시세차익 다다익선'을 외치는데, 그 건물에서 쫓겨난 이는 자기와 같은 처지에 놓인 다른 이들을 염려하고 있어. 우리는 묻지 않을 수 없어. 정작 인간이기를 포기한 쪽은 어디일까? 진짜 쓰레기와 악마는 누구일까?

물론 건물주는 무조건 '나쁜 놈'이고 세입자는 무조건

약자이자 피해자라는 식의 기계적인 선악 이분법은 경계해야지. 현실에서는 얼마든지 돈 많고 힘센 세입자가 있을 수 있고, 상황에 따라서는 세입자가 큰소리를 떵떵 치거나 약삭빠르게 이익을 챙길 때도 있어. 마찬가지로 얼마든지 착한 건물주가 있을 수 있고, 임대차 분쟁에서 건물주가 피해를 보는 경우도 언제든 발생할 수 있어. 그래서 다시 강조할 것은 젠트리피케이션을 개인의 특수한 문제로 돌려서는 안 된다는 점이야. 거

듭 얘기하듯이 사안의 본질과 구조를 직시하는 게 중요해.

이제 궁중족발 사건의 건물주와 김 씨가 겪은 일이 더는 되풀이되지 않는 도시로 바꿔 나가야 해. 도시는 우리가 일상생활을 이어 가는 공간인 동시에 다채로운 삶이 펼쳐지는 장소잖아? 차가운 자본의 힘과 논리가 지배하는 곳이지만, 동시에 생동하는 매력과 활기를 갖춘 마법의 시공간을 제공하기도 해. 자욱한 미세먼지의 골짜기를 지나며 오늘도 수많은 사람이 고단하고 누추한 생을 이어 가지만, 그 속에서 우리는 새로운 꿈을 꾸고 오늘과는 다른 내일을 설계해.

'도시권'이란 말이 있어. '도시에 대한 권리(The Right to the City)'를 뜻하는 말이지. 1960년대 후반 프랑스 철학자이자 도시학자인 앙리 르페브르가 처음 제안한 개념이야. 최근에는 유엔에서도 공식적으로 사용하고 있지. 이 개념에 따르면, 도시 구성원이라면 누구나 다음과 같은 권리를 누릴 수 있어.

첫째, 도시에서의 삶을 즐길 권리. 둘째, 도시 공간이나 공공 서비스를 자유롭고 평등하게 사용할 권리. 셋째, 민주적으로 도시의 의사 결정 과정에 참여할 권리. 요컨대 누구나 도시의 주인으로 살 권리, 이것이 도시권이야. 이제까지의 이야기가 또렷이 전하듯 이런 도시권을 정면으로 거스르는 것이 젠트리피케이션이야. 이런 권리들의 바탕이 적절한 공간에서 안정적으로 거주하고 일하고 활동할 권리인데, 이걸 파괴하는 게 젠트리피케이션이기 때문이지.

10대인 너희도 도시의 어엿한 주인이기는 마찬가지야. 실제로 도시권을 망가뜨리는 젠트리피케이션이 미치는 영향은 어른들한테만 국한되는 게 아니야. 예를 들어 어떤 지역에서 재개발 사업으로 기존 집들이 몽땅 철거되는 경우를 가정해 보자. 이때 전세나 월세로 세 들어 사는 수많은 세입자가 자기 뜻과는 상관없이 그 지역을 떠나야 하잖아? 한 마을에서 이웃으로 지내던 사람들이 뿔뿔이 흩어지게 되는 거지. 한데, 이처럼 아쉽게 헤어져야 하는 사람들 가운데 내 친구도 얼마든지 포함될 수 있겠지? 내가 바로 떠나야 하는 세입자 가족일 수도 있고. 젠트리피케이션이 벌어지는 지역에서는 이처럼 친구를 비롯해 오랫동안 친하게 지내 오던 사람들과 갑자기 헤어지는 슬픈 일을 얼마든지 겪을 수 있어.

뿐만이 아니야. 젠트리피케이션이 벌어지는 곳에서는 임대료 상승을 비롯해 여러 가지 비용이 높아지는 탓에 그것이 물건값에도 반영되기 마련이야. 이를테면 내가 좋아하는 떡볶이 가격이 이전엔 2500원이었는데 갑자기 4000원으로

뛰는 식이지. 젠트리피케이션 탓에 내 용돈이 부족해지는 거야. 관심 있던 문화예술 행사가 많이 열려서 꼭 한 번 가 보리라 작정한 곳이었는데 젠트리피케이션으로 그곳이 상업적인 관광지로 변해 버리면 그런 기회를 잃게 되는 것도 아쉬운 일이잖아? 이처럼 젠트리피케이션은 우리 모두의 일, 곧 나의 일이기도 해.

이제 물질과 자본의 도시가 아닌 사람과 문화의 도시로 나아가야 해. 끊어지고 비틀린 인간관계를 다시 잇고, 사라진 이야기를 되살리며, 사람의 숨결과 온기를 불어넣어야 해. 이를 위해 먼저 해야 할 일은 부동산 중심으로 굳어져 온 기존의 기득권과 특권 구조를 무너뜨리는 거야. 투기, 불로소득, 시세 차익, 개발 이익 따위로 얼룩진 자본주의적 도시 공간이 생산되고 관리되는 방식을 깨뜨리지 않고선 새로운 도시로 나아갈 수 없기 때문이지.

민주주의와 정의, 공동체적 시민 연대와 신뢰, 공공성과 공유의 힘이 도시를 새롭게 이끌어 가야 해. 우리 시민이 우리 손으로 도시권을 되찾을 때 도시는 매혹과 행복의 공간으로 다시 태어날 거야.*

• 도시뿐만 아니라 나라도 마찬가지야. 흔히들 선진국 타령을 많이 해. 여기서 '선진

너도 이제 관심을 기울일 수 있겠지? 내 작은 관심 하나
가 큰 방패가 될 수 있다는 걸 잊지 마.

(先進)'은 앞서 나아간다는 뜻이야. 정치, 경제, 문화 등 여러 면에서 앞선 나라를 선
진국이라고 하잖아? 하지만 무조건 앞서 나아가는 것만이 능사일까? 이제 우리가
추구해야 할 것은 '선진국(先進國)'보다는 '선진국(善進國)'이 아닐까? 한자 善은 착
하다는 뜻이야. '선(善)하다'라는 말을 사전에서는 "올바르고 착하여 도덕적 기준
에 맞는 데가 있다", "착하며 곱고 어질다" 등으로 풀이해. 무작정 앞서가기만 할
게 아니라, 앞서가더라도 '올바르고 착하게' 나아가는 나라를 추구해야 한다는 얘
기야.

돈과 사람의 갈림길에서

우리가 돈이라는 단 하나의 틀로 세상과 관계를 맺을 때 태어난 것이 젠트리피케이션이라는 '괴물'이야. 그 결과 어떤 사람들한테는 살거나 일하는 곳이 또 다른 사람들한테는 투자와 투기의 대상이 되는 희한한 일이 벌어지고 있어. 후자의 사람들에게 땅과 집과 건물은 돈을 벌고 재산을 늘리는 도구에 지나지 않아. 이들은 자기 땅에서 살지 않아도 되고, 그 땅이 어떻게 되든 아무런 상관이 없어. 그저 그 땅이 돈을 안겨 주기만 한다면 말이야.

이런 시스템에서는 땅이, 그리고 그 땅에서 몸을 부대끼며 실제로 사는 사람이 땅 주인을 모르게 되고, 또 그렇게 되어도 아무런 문제가 없어. 사람과 사람이 분리되고, 사람과 땅이 분리된다는 얘기지. 다시 말하면 '관계'가 끊어지는 거야.

어느 지역에서 실제로 살거나 일하면서 시간의 기억과 경험을 차곡차곡 쌓아 가는 사람들과, 그 지역을 제대로 알지도 못하고 그 지역과 친밀하지도 않으면서 그저 그 지역을 부동산 투자나 투기의 대상으로 삼아 돈이나 챙기는 사람이 이런 식으로 갈라지면 어떻게 될까? 그 지역이 온전할 수 있을까? 건강과 지속가능성을 유지할 수 있을까?

서구 강대국들의 제국주의 침략과 식민 지배로 큰 고통을 당한 아프리카 대륙의 어느 작가가 이런 말을 한 적이 있어. "식민지 정책이란 아프리카 사람들이 소비하지 않는 것을 아프리카에서 생산하게 하고, 아프리카에서 생산하지 않는 것을 아프리카 사람들이 소비하게 만드는 것이다." 아프리카 사람들과 아프리카 땅을 분리시키는 것, 아프리카에서 나는 것을 아프리카에서 멀리 떨어진 강대국들이 빼앗아 가는 것, 아프리카에서 멀리 떨어진 강대국들이 생산한 것을 아프리카 사람이 소비하라고 강요하는 것이 식민지 정책의 본질이라는 거야. 생산과 소비, 땅과 사람의 이런 분리는 필연적으로 경제활동은 물론 삶 전체를 파탄으로 몰아넣게 돼. 원리를 따져 보면 젠트리피케이션도 이와 다르지 않아.

도시든 그 도시 안의 어느 마을이든, 하나의 세상을 만들고 그 세상을 변화시키는 것은 사람들과 그 사람들 사이의 상호작용이야. 이것이 세상의 다양성과 역동성, 곧 생명력을 만들어 내는 원천이지. 사람들이 쫓겨나고, 그 사람들 사이의 상호작용으로 맺어지는 관계가 깨지면 세상은 훼손될 수밖에 없어. 그렇게 되면 사람들의 가치도 떨어지고, 그 사람들이 속한 땅의 가치도 떨어져. 그 땅 위에 건설된 도시와 마을이 망가지는 건 그 당연한 결과겠지? 세상이 돈의 노예가 되어 너도나도 돈이라면 환장을 하고 돈을 신으로 섬기면 반드시 이런 일이 벌어지게 돼 있어.

도시와 마을을 살리는 방법은 뭘까? 살맛 나는 '장소'를 일구고 그 튼실한 '뿌리' 위에서 평화롭게 터 잡고 살아갈 수

있는 길은 뭘까? 이를 위해 우리는 뭘 해야 할까? 무엇을 우리

삶의 중심과 기준으로 삼아야 할까? 결국, 지금까지 이 책에서

전한 젠트리피케이션 이야기가 던지는 마지막 질문은 이거야.

돈의 편에 설 것인가, 사람의 편에 설 것인가?

도움받은 책

《도시는 왜 불평등한가》리처드 플로리다 지음, 안종희 옮김, 매경출판, 2018

《도시의 발견》정석 지음, 메디치미디어, 2016

《도시의 역설, 젠트리피케이션》정원오 지음, 후마니타스, 2016

《도시의 재구성》음성원 지음, 이데아, 2017

《도시의 죽음을 기억하라》이영범 지음, 미메시스, 2009

《뜨는 동네의 딜레마, 젠트리피케이션》DW 깁슨 지음, 김하현 옮김, 눌와, 2016

《상생도시》조성찬 지음, 알트, 2015

《서울, 젠트리피케이션을 말하다》성공회대학교 동아시아연구소 기획, 신현준 외 엮음,
　　푸른숲, 2016

《아시아, 젠트리피케이션을 말하다》성공회대학교 동아시아연구소 기획, 신현준 외 엮음,
　　푸른숲, 2016

《안티 젠트리피케이션》신현방 엮음, 동녘, 2017

《우리가 알아야 할 도시재생 이야기》윤주 지음, 살림, 2017

《인간은 왜 폭력을 행사하는가?》정윤수 외 지음, 철수와영희, 2018

《젠트리피케이션과 문화 운동》이종임 지음, 커뮤니케이션북스, 2017

《젠트리피케이션 무엇이 문제일까?》정원오 지음, 내인생의책, 2017

《진보와 빈곤》헨리 조지 지음, 김윤상 옮김, 비봉출판사, 2016

《헨리 조지와 지대개혁》김윤상 외 지음, 경북대학교출판부, 2018

《희망의 도시》최병두 외 지음, 서울연구원 엮음, 한울아카데미, 2017

〈한겨레〉〈경향신문〉〈오마이뉴스〉〈프레시안〉《한겨레21》관련 기사들

사회 쫌 아는 십대 05

젠트리피케이션 쫌 아는 10대

도시야, 내쫓기는 사람들의 둥지가 되어 줄래?

초판 1쇄 발행 2019년 8월 12일
초판 5쇄 발행 2021년 11월 19일

지은이 장성익
그린이 신병근
함께 그린이 이혜원 · 선주리
펴낸이 홍석
이사 홍성우
인문편집팀장 박월
편집 박주혜
디자인 신병근
마케팅 이송희 · 한유리
관리 최우리 · 김정선 · 정원경 · 홍보람 · 조영행

펴낸곳 도서출판 풀빛   등록 1979년 3월 6일 제2021-000055호
주소 07547 서울특별시 강서구 양천로 583 우림블루나인 A동 21층 2110호
전화 02-363-5995(영업), 02-364-0844(편집)   팩스 070-4275-0445
홈페이지 www.pulbit.co.kr   전자우편 inmun@pulbit.co.kr

ISBN 979-11-6172-745-5 44300
ISBN 979-11-6172-731-8 44080(세트)

이 책의 국립중앙도서관 출판시도서목록(CIP)은 서지정보유통지원시스템 홈페이지(seoji.nl.go.kr)와
국가자료공동목록시스템(www.nl.go.kr/kolisnet)에서 이용하실 수 있습니다.
(CIP제어번호 : CIP2019026827)